KB260505

사회복지 입문

-사회복지에 대한 새로운 접근과 이해 -

복지문고 002

사회복지 입문

초판 1쇄 인쇄 2008년 7월 10일
초판 1쇄 발행 2008년 7월 17일

지은이 | 김귀환
펴낸곳 | 사회복지전문출판 나눔의집
펴낸이 | 박정희
주   소 | 152-790 서울시 구로구 구로3동 182-13
          대륭포스트타워 II 1205호
전   화 | 02-2082-0260
팩   스 | 02-2082-0263
www.ncbook.co.kr

ISBN 978-89-5810-136-9 94330
ISBN 978-89-5810-128-4 94330(세트)

사회복지 입문

- 사회복지에 대한 새로운 접근과 이해 -

김귀환 지음

머리말

　오늘날 대부분의 국가들은 복지를 제일의 목적으로 추구합니다. 이는 인간의 행복을 최고선으로 간주하면서 행복추구라는 목적을 향해 나아가는 것이기도 합니다. 복지실천의 모습은 시대와 상황에 따라 다양하게 나타납니다. 이 입문서는 이를 위한 설명과 분석의 토대를 마련했던 사회복지에 관계되는 지식을 쉽고 간략하게 소개하고자 합니다. 입문서란 전문가가 아닌 일반 대중이 어떤 학문에 대한 기초지식 없이도 쉽게 접근할 수 있도록 길잡이가 되는 책을 말합니다.

　이 책에서는 시대적 상황의 변화에 따른 사회복지에 대한 새로운 접근과 이해를 도모하기 위한 역동적인 접근과 더불어 대중이 사회복지에 대해 손쉽게 이해할 수 있도록 토대를 마련하고자 합니다.

　사회복지의 역사는 경제적 성장을 인간의 삶의 질적 수준의 향상에 일치시키기 위해 노력해 왔던 과정입니다. 사회복지의 의미도 보편적이고 형평에 어긋나지 않는 적절한 삶의 보장을 의미하는 것으로 변화하였습니다. 산업화 이후 각 국가들은 현실적인 문제들 때문에 복지의 지속적인 실현을 중단 또는 축소시킵니다. 그 원인은 각 나라들의 경제 사정과 연관되어 있습니다. 또한 오늘날의 보편적 흐름인 세계화는 이를 더욱 악화시킵니다.

세계화는 사회복지와는 상극이라 할 수 있습니다. 왜냐하면 세계화에 있어서 가장 강조되는 것이 무한경쟁이기 때문입니다. 이런 상황에서 사회복지의 축소를 이야기하는 복지국가 위기론이 나타났습니다. 한편 선진국에서는 사회복지에 대한 사고의 전환이 두드러집니다. 그러나 이는 축소나 퇴보와는 다른 의미를 지니고 있습니다. 그렇다면 우리나라는 어떻습니까?

이러한 논의를 위하여 이 책은 모두 5부로 구성되어 있습니다. 제1부는 총론으로 사회복지의 전반적인 인식에 대한 분석과 철학적인 접근을 시도하였으며, 제2부는 역사적인 측면에서 사회복지에 대한 이론적 접근과 발달과정을 정리하였습니다. 제3부는 사회복지의 방법론과 각 분야에 대한 소개와 분석을 하였으며, 제4부에서는 북한의 사회복지 현황과 선진국들의 사회복지, 그리고 사회복지에 있어서 잘 알려지지 않았던 아시아 신흥 공업국들과 남미의 주요 나라들의 사회복지에 대한 분석을 시도하였습니다. 마지막으로 제5부는 현대사회의 화두인 고령화에 따른 각 국(독일, 일본)의 정책적 기조와 대책을 살펴볼 것입니다. 특별히 5부는 2007년 한국케어사회복지협의회 지원금으로 연구된 논문입니다.

끝으로 책의 출간을 가능하게 해준 나눔의집출판사 사장님에게 감사를 드리며, 이 작업을 할 때마다 옆에 와서 이것 뭐야 하며 물었던 사랑하는 나의 딸 김노은에게 미안함을, 사랑으로 이해하고 감싸주었던 나의 아내 신선화, 그리고 항상 기도로 대답해 주신 나의 어머니 송승선에게 감사드립니다.

순천에서 김귀환

차례

나의 어머니에게

나의 어머니에게

...Part 1

현대사회와
복지의 의미

현대사회의 기본적 특성과 사회복지제도

사회복지는 산업혁명 이후 근대사회에서 나타나기 시작한 독특한 사회적 현상으로 근대사회의 구조적 특성과 밀접한 관계를 지니고 있다. 따라서 현대 사회복지의 출현, 발전, 변화를 이해하기 위해서는 근대사회의 기본적 특성을 이해하여야 한다. 여기에서는 근대사회의 주요 특성으로 산업사회의 특성과 자본주의사회의 특성을 분석하면서, 이러한 특성의 맥락에서 사회복지제도가 출현하게 된 원인들을 고찰한다.

산업사회의 특성

산업사회란 기계화된 수단에 의해 재화가 대량으로 생산되며 소비도 대량으로 이루어지고, 생산의 방식이 분업에 크게 의존하고 있는 사회를 말한다. 이 밖에 산업사회의 특성은 다양한 측면에서 규정할 수 있는데, 사회복지의 출현과 관련하여 중요한 점은 대량생산과 대량소비가 이루어지는 재화의 사회적 분배의 문제를 제기하고 있다는 점이다.

산업사회에서 재화의 생산과 소비는 분업에 의존하기 때문에 사회적으로 역할이 상이한 구성원들 개개인의 생존은 타 구성원들과 상호간에 의존하게 된다. 따라서 산업사회에서 사회구성원들은 상호간에 유기적 연대, 즉 한 부분의 생존 여부가 다른 부분의 생존에 절대적 영향을 주고받는 관계를 맺게 된다.

반면에 산업사회 이전 사회형태인 농업사회에서는 사회적 분업에 대한 의존성이 크지 않았다. 그러므로 그 사회의 구성원들은 개개인의 생존을 위해 여타 성원들 간에 상호작용과 의존 가능성이 매우 적었다. 뒤르껭에 의하면 이러한 사회에서 성원들은 상호간에 기계적 연대를 맺게 되는데, 기계적 연대란 사회구성원들이 유사한 생활형태로 묶여 있을 뿐 구성원의 생존여부가 다른 구성원의 생존여부와는 무관한 상태를 말한다.

기계적 연대를 토대로 한 사회에서 질병이나 기아 등의 문제들은 원칙적으로 그 문제에 처한 개인 또는 개별 가족의 문제로 간주되었다. 그러나 유기적 연대를 토대로 하는 산업사회에서 이러한 문제들은 그 문제에 처한 당사자의 문제일 뿐만 아니라 사회 전체의 문제이기도 하다. 왜냐하면 당사자의 생존을 위협할 뿐만 아니라 그 당사자와 유기적으로 연결되어 상호의존하고 있는 여타 사회구성원들의 생존까지, 나아가 사회 자체의 생존까지 위협하게 되기 때문이다.

이처럼 산업사회에서는 한 개인 또는 개별가족이 처한 문제가 당사자의 개인적 문제일 뿐만 아니라 여타 사회구성원, 궁극적으로는 사회 자체의 존립여부에 영향을 미치는 사회적 문제의 성격도 갖게 된다. 그렇기 때문에 이러한 문제의 해결을 위해 사회적 차원에서 조직적으로 개입하는 제도가 필요하게 되는데, 사회복지제도가 그것이라 할 수 있다.

자본주의 사회의 특성

자본주의란 생산수단의 대부분이 사적으로 소유되고 시장에 의해 생산이 이루어지며 소득이 분배되는 봉건사회 이후 대부분의 사회를 지배하고 있는 경제체제를 말한다. 이런 자본주의사회는 두 가지 정도의 특성으로 정리될 수 있을 것이다. 하나는 자본주의사회의 구성원들이 유산자 계급과 무산자 계급으로 형성된다는 것이다. 전자는 소위 자본

프랑스의 사회학자 에밀 뒤르껭은 사회는 기계적 연대에서 유기적 연대로 발전한다고 주장하였다. 기계적 연대가 중심이 되는 사회에서는 개인이 직접적으로 사회에 결속되어 고유한 신념이나 감정이 중시되며, 개인의 인성이나 권리는 전체와 유사하게 나타난다. 반면 유기적 연대가 중심이 되는 사회는 개인들 간의 상호의존이 중시되는 분화된 사회로서 독자적인 인성과 개인의 권리가 강조된다.

공산주의 창시자인 독일의 철학자 칼 마르크스는 역사적으로 사회의 발전단계를 다섯 단계로 구분하였는데, 원시공산사회 → 노예제사회 → 봉건사회 → 자본주의사회 → 공산주의사회가 그것이다.

가로 불리는 부르주아지, 후자는 프롤레타리아들이 속한다. 문제는 양 계급 간의 갈등으로 파생되는데, 이 문제를 해결하려는 의지로부터 근대적 복지의 맹아를 찾을 수 있다. 다른 하나는 모든 재화의 상품화 현상이 발생하는 특징이 있는데, 재화의 상품화란 특정 재화가 시장교환을 통해 생산·매매됨을 의미하며 그 재화의 생산·소비과정에 자본이 침투하여 자본의 논리에 의해 지배됨을 의미한다. 자본주의화가 진행되면서 토지, 노동력, 주택, 교육, 의료 등 일상생활에 필요한 대부분의 재화와 서비스가 상품화되는데, 이는 곧 이러한 것들이 자본화되어 자본의 논리에 따라 생산되고 분배된다는 것을 의미하며, 상품의 생산자인 동시에 소비자인 노동자와 상품의 소유자이면서 소비자이기도 한 자본가 간의 불평등한 관계가 심화된다.

이러한 갈등관계 속에서 자본주의사회에서 자본의 속성은 양 계급 간의 불평등을 해소시키는 것이 아니라 오히려 잉여가치를 계속해서 축적함으로써 지속적으로 그 차이를 심화시켰다. 이러한 자본의 운동논리를 통하여 필연적으로 사회적 부가 사회의 일부에 편중되는 불평등한 사회가 등장하였다. 자본주의가 가장 철저하게 관철된 경우는 산업혁명이 본격화된 18·19세기의 영국의 상황에서 볼 수 있다. 자본주의는 재화의 생산·소비의 효율성이 매우 우수하다는 장점이 있는 반면, 그 분배 면에서는 불평등이 심화된다는 단점이 있다. 따라서 이 시기의 영국은 사회적 부의 축적이 고도로 이루어졌지만, 축적된 부의 분배 면에서 불평등 또한 심화되었던 시기이기도 하다.

불평등한 사회에서는 사회갈등이 심화되고 이것이 계속 악화되면 폭동, 정치적 위기 등 사회문제가 발생하게 되며 나아가 사회 자체의 붕괴가 초래될 수 있다. 더욱 심각한 문제는 시장주의와 경쟁의 원리에 기반한 자본주의사회 자체적으로는 이러한 문제를 스스로 해결할 수 있는 제어장치가 없다는 것이다. 그 해결의 토대가 평등의 원리를 도입하는 것이며, 이는 국가가 시장개입을 통해 자본주의로 인한 사회 불평등을 완화시키려는 노력의 일환이다. 현대의 사회복지제도는 바로 이러한 국가의 시장개입 맥락으로부터 발전하였다.

사회복지의 의미 변화와 발전

복지의 의미

오늘날의 사회복지와는 의미에 있어서 차이가 있는 복지는 일반적으로 사랑과 봉사 그리고 불우한 이웃을 도와주는 선한 행위로 알려져 있으며 이를 사회복지 마인드라고 부른다. 그러나 이러한 개인적 차원의 복지는 자본주의 사회의 구조적인 문제로 인하여 사회적 불평등을 발생시킨다. 불평등에 의한 문제는 한 개인이나 가족에만 국한되는 것이 아니며 다른 구성원과 가족, 나아가 사회 전체의 유지 · 존속에도 위해를 미친다.

이에 대하여 국가와 사회공동체는 자본의 논리를 제한하는 방식으로 사회 불평등을 완화하려는 노력을 전개함으로써, 문제 상황에 처한 개인이나 개별 가족의 문제를 타개하려 할 뿐만 아니라 전체 사회의 유지와 존속을 보장하려 하는데, 이러한 국가와 사회공동체의 정책적 대응이 복지의 제도화 혹은 복지에 평등적 의미를 강화시킨 사회복지제도의 발달로 연결된 것이다. 현대의 사회복지는 일반인들의 이해와는 별개로 현대사회의 구조적 특성(문제)과 그에 대한 대처방안과 밀접히 연결되어 있다.

상품으로서 사회복지

인류역사에 있어서 복지에 대한 기본적인 접근은 개인적 차원에서 이루어졌다. 그러나 사회의 발전과 자본주의라는 새로운 사회적 생산양식의 발생과 더불어 복지는 더 이상 개인적 차원에 국한되지 않으며, 하나의 상품으로서 기능하게 되었다. 이후 복지라는 상품이 어떠한 방식으로 작용하는 가는 복지국가를 분류하고 그 수준을 규정하는 중요한 이론적 기준이 되었다. 에스핑 안데르센Esping-Andersen의 탈상품화decommodification를 기준으로 복지국가의 체제구별과 정책적 차이와 복지발달 정도를 〈표 1〉과 같이 비교 분석하였다.

역사적으로 복지의 상품화는 산업혁명 초기 노동자들의 투쟁에 대한 자본가들의 선물인 사회보험으로부터 출발하였다. 사회보험은 상대적

표 1_탈상품화 정도와 복지체제

탈상품화	복지체제	복지국가
잔여적 복지국가	자유주의적 복지국가	미국, 일본
제도적 복지국가	조합주의적 복지국가	대륙형 복지국가 (독일, 프랑스)
	사회민주주의적 복지국가	스칸디나비아형 복지국가 (스웨덴, 노르웨이)

으로 시장의 영향을 받지 않으면서, 구성원들 간의 사회적 불평등을 해소하려는 노력을 사회전체의 책임으로 나누어 갖는 것이다. 이데올로기의 차이로 인한 생산양식의 차이는 사회복지에 대한 접근과 실천행위에서도 다른 형태로 전개되었다. 이 때 특정 재화에 대한 탈상품화는 그 재화의 평등한 사회분배와 관련되는데, 이 과정에 각종 복지정책·제도들이 관여하게 된다. 결국 시장의 논리를 제한하고 있는 탈상품화는 사회복지의 발달과 밀접히 관련된다.

복지국가

모든 국가들이 복지국가를 추구하지만, 그 나라들 모두가 복지국가는 아니다. 복지국가가 되기 위해서는 기본적으로 세 가지의 조건들을 충족시켜야 할 것이다. 일반적으로 현대 산업사회에서 복지국가는 선진국들을 의미하고 있지만, 그들이 모두 복지국가는 아니다. 원론적인 수준에서 복지의 의미가 행복과 안녕의 추구에 있다면, 행복은 복지국가

여기서 복지국가의 세 가지 요소들은 필요조건이거나 충분조건으로 기능한다기 보다는 상호간의 조건들을 보존하고 보완하는 관계이다.

가 되기 위한 첫 번째 조건이라 할 수 있을 것이다. 그런 측면에서 역설적이지만 불행을 추구하는 국가가 없다는 사실을 통해 모든 국가가 복지국가를 추구한다고 볼 수 있을 것이다. 두 번째 조건은 삶의 질이다. 어느 통계에 의하면 세계에서 행복지수가 가장 높은 나라에, 세계에서 가장 가난한 나라인 방글라데시가 선정되었던 적이 있었다. 과연 그 나라를 복지국가라 할 수 있는가? 대부분의 사람들은 그것에 동의하지 않을 것이다. 경제적 차원에 국한되지 않는 사회적 환경의 제반요소들이 삶의 질에 영향을 미치게 된다. 그러므로 복지국가에서 삶의 질은 중요한 기준으로 작용한다. 세 번째 복지국가의 조건으로는 민주주의democracy가 있다. 첫 번째와 두 번째 조건을 충족시키는 많은 국가들이 있지만, 그 나라들을 모두 복지국가로 인정하지 않는다. 왜냐하면 그들 중 몇몇 국가들은 민주주의 국가가 아닌 독재 국가 또는 권위주의 국가이기 때문이다. 과거의 공산주의 국가들 중에 소련이나 동독 등은 세계적인 산업국가로서 선진국에 속하였지만 그 나라들을 복지국가라고 하지 않았다. 그 이유는 공산주의 국가들의 대부분이 독재 국가였기 때문이다.

철학적 측면에서
사회복지의 의미

사회복지의 주체는 인간이며, 인간과 인간 간의 관계성 회복이라는 문제는 철학적인 측면에서 사회복지를 논하는 핵심이다. 그러므로 철학적인 측면에서 사회복지에 접근하는 것은 윤리와 종교적인 분석을 통해 가능할 수 있다. 이것이 바로 사회복지의 현실적 표현의 핵심인 인간의 사회복저 마인드인 것이다. 이 장에서는 사회복지의 의미를 밝혀내기 위해 철학적인 측면에서 사회복지에 접근해보고자 한다.

사회복지와 종교

사회복지는 사회구성원인 인간의 삶의 질과 관계한다. 철학적인 측면에서는 사회복지와 종교의 연관성을 인간과 인간의 조화와 그것을 통한 행복 추구라 규정한다. 사회복지의 동기를 많은 사람들은 종교로부터 찾는다. 왜냐하면 종교는 교리적으로 끊임없이 인간의 복된 삶을 신의 계시로서 간주하여 왔기 때문이다. 그것은 서구사상과 동양사상, 예를 들자면 기독신학과 불교사상에서 찾을 수 있는 자비사상으로 종교와 철학 간의 일치로서, 이를 사회복지의 종교철학이라 부를 수 있다.

근대에 들어와서 종교의 기능으로 가장 많이 언급되는 것은 구제로서, 인간의 삶을 증진시키는 것이다. 그것이 사회복지의 목표이며, 그것을 위하여 종교의 사회참여가 사회복지의 모습으로 드러난다. 사회복지의 종교적인 동기는 개인적 차원에서의 자선이나 자비로 나타나기도 하지만 조직화된 기관이나 시설에 의해서 실천되기도 한다. 실질적으로 사회복지의 제도화의 출발점으로 삼고 있는 영국의 구빈법의 실천적 의미는 시혜적 성격으로 종교적이라 할 수 있으며, 그 방식도 교구를 중심으로 실행되었다. 유럽대륙과 미국에서도 인간의 빈곤문제 해결의 중심에는 종교기관이 존재하였다. 그러한 성격은 역설적이지만 오히려 제국주의 시대에 정복자들에 의해 피정복민에 대한 당근으로 주어졌다. 그 한편에는 종교가 많은 역할을 하였다. 정복국가들은 지리상의 발견 이후 종교적 차원에서 그 지역에 접근하였다. 먼저 선교 차원에서 의료와 문명이 들어가고 그 이후 지역은 정치적 차원에서 정복되는 것이다. 그러므로 종교와 연관된 종교사회복지는 인간 스스로의 삶을 개척하여 삶의 질을 증진시키는 복지가 아닌 시혜적 차원에서의 복지라고 할 수 있다. 이를 통해 발전한 복지 형태가 국가에 의해 정책적으로 실행되는 제도적, 보편적 복지인 것이다. 민간복지로부터 공공복지로의 전환에 있어서 종교적 복지는, 민간복지와 공공복지를 상호보완하는 과도기적 역할을 수행하였다고 볼 수 있다.

한국사회에서 종교의 역할은 매우 중요하다. 특히 사회복지분야에서 종교의 영향은 매우 크다고 볼 수 있다. 여기서 종교개혁가 마틴 루터의 말을 되새겨 볼 필요가 있다. ♣ 그는 종교의 과도한 사회참여를 경계하였다. 이제는 한국사회의 종교기관들도 영적인 측면과 세속적인 측면 사이에서 고민할 필요가 있다. 현재 한국사회의 종교기관들은 사회복지와 관련된 많은 기관들을 소유하고 있으며, 대외적으로 사회복지를 수단으로 하여 세력 확장의 도구로 사용하는 것은 아닌지 의구심을 자아내는 것도 사실이다. 한국사회에서 종교기관들은, 경제적인 기반이 없었던 시절에 물질적인 측면의 인간의 삶의 질의 향상을 위한 직접적인 사회참여에 주목했던 '세속적' 역할에서 벗어날 필요가 있다. 그보다는 형이상학적인 측면에서 인간의 내면에 대한 복지를 추구하는 것이 필요하다.

♣ 독일의 종교개혁가인 마틴 루터Martin Luther는 영적인 것과 세속적인 것을 구분하였다. 그는 사회봉사를 통해 구원에 이르는 것을 경계하였는데, 따라서 빈곤과 같은 사회문제를 국가가 책임져야 한다고 주장하였다. 이것이 잔여적 복지에서 보편적 · 제도적 복지로의 전환이며, 종교는 과도기적 역할에 만족해야 한다는 것을 의미한다.

사회복지의 윤리

오늘날 사회복지라는 것 자체에 정당성을 부여하거나, 그것이 사회문제를 해결하고 행복을 가져다 줄 수 있는 최고선으로 간주되는 경향이 있다. 그런 측면에서 사회복지의 실천에 있어서 제어하고 통제할 수 있는 그 무엇인가가 요구된다. 이미 복지선진국에서는 사회복지에 있어서 공급자와 수혜자의 관계가 제도적으로 체계화되어 있으며 그 토대가 형성되어 있다. 그러므로 현재 후발 복지국가에서 발생 중인 복지와 관련된 문제해결을 위해서는 경제적 발전뿐만 아니라 사회복지의 윤리적 토대가 중요하다.

사회복지와 윤리는 매우 밀접한 관계성을 가진다. 왜냐하면 사회복지의 목적인 모든 인간이 평등하고 인간다운 삶을 살 권리가 있다는 명제는 윤리적 차원에서 매우 중요하기 때문이다. 또한 윤리는 사회복지의 정당성을 유지시킬 수 있는 근간이다. 특히 산업사회로 들어서면서 그 중요성은 한층 더 배가 되었다. 산업사회에서 자본주의의 발전은 사회문제로서 노동문제를 야기시켰으며, 부의 집중과 빈곤문제를 심화시켰다. 사회윤리적인 측면에서 정부는 제도적으로 빈곤에 대한 정책을 수립하면서 현대적 의미의 사회복지가 등장하였다고 볼 수 있다.

사회복지 실천에 있어서 윤리는 경제적인 측면과의 관계로부터 분리될 수 없다. 왜냐하면 인간에게 있어서 경제는 현실적으로 사회복지의 윤리에 가장 중대한 영향을 미치기 때문이다. 하지만 선진 복지국가들은 세계경제가 불황임에도 불구하고 복지예산을 곧바로 축소하지 않았다. 이는 사회복지의 윤리적 토대의 건강함을 증명한다고 볼 수 있다. 이러한 현상은 인간, 기업, 정부의 이윤 추구로부터 자연스럽게 분배로 이어지는 구도를 의미한다. 분배의 토대인 재원은 건전성을 담보하여야 하며 분배는 윤리적이어야 한다. 그것이 사회복지 윤리의 존재적 의미인 것이다. 사회복지와 윤리의 관계성의 토대는 인간에 대한 관심과 배려이다. 이것의 현실화와 구체화된 실천이 분배인 것이다.

소결 한국사회에서 사회복지의 체계화 정도는 아직 미약하다. 그래서 사회복지에 대한 학문적 연구의 필요성과 그 독립성에 관한 당위를 주장하려고 한다면, 이에 대한 철학적 토대가 우선적으로 형성되어야 한다. 사회복지의 근원은 종교로부터 흘러나와 윤리로 작용하고 있다.

현대 복지국가들은 사회복지에 있어서 보편적 복지를 추구하고 있다. 보편적 복지를 위한 사회복지실천의 주체는 사회복지사, 사회복지에 관련된 사람, 기관만이 아닌 모든 인간이다. 그러므로 사회복지실천의 수준을 결정하는 것은 인간의 사회복지에 대한 관심, 즉 사회복지 마인드이다. 종교와 윤리는 건강한 사회복지 마인드를 건설할 수 있는 사회복지의 철학적 토대라 할 수 있다. 그러나 현대 사회에서 사회복지의 주체인 인간에게 종교와 윤리적 토대로 희생이나 봉사를 강조하는 것으로부터 인식의 대전환이 요구된다. 왜냐하면 산업사회에서의 위와 같은 복지마인드는 사회구성원들 상호간의 상대적 박탈감과 사회적 부정을 발생시키는 요인으로 작용할 수 있기 때문이다. 그동안 한국사회에서는 복지마인드와 사회구조와 구성원들의 사회복지에 대한 인식구조 간의 모순으로 사회적 부의 공평하고 형평한 분배를 찬성하기도 하고, 반대하기도 하였다. 그 원인은 사회복지에 대한 정의를 단기간에 법과 제도화를 통해서만 접근하였기 때문이다. 그러므로 한국사회에서 요구되는 것은 사회복지를 위한 다양한 통로를 만드는 것이다. 사회복지를 희생이나 봉사와 같은 물질적인 것만이 아닌 나눔이라는 사회구성원들 간의 다양한 소통구조로 인식하게 만드는 것, 바로 그것이 현대 산업사회에서 상호간의 박탈감을 극복할 수 있는 사회복지이다.

사회복지의 토대

사회복지의 개념

사전적 의미에서 복지란 사람들이 건강하고 편안하며 행복하게 살 수 있는 사회환경으로 정의할 수 있다. 따라서 어느 시대나 그 상황에 걸맞는 복지가 존재하였다고 볼 수 있다. 이는 개인적 혹은 보편적 차원에서 인간에게 요구되는 필수적 삶의 요건을 갖추기 위해 노력하는 정도가 복지의 수준을 가늠하는 기준으로 작용한다는 것을 의미한다.

사회복지는 개인적 차원에서의 복지의 증진을 통해 발생하였던 사회문제(빈부격차, 노동력 착취 등)의 해결사로 등장하였다. 그러므로 사회복지는 사회적, 제도적, 정치경제적으로 접근하여야 하며, 사회복지의 발전이란 사회경제적 수준에 상응하는 복지의 질적 변화를 통한 사회환경의 건설을 의미한다.

이를 실천하기 위한 정책적 측면의 사회복지의 개념은 두 가지로 구분할 수 있다. 하나는 실천의 범위를 사회적 약자와 요보호 대상자만으로 한정하는 협의적인 개념과 다른 하나는 포괄적인 의미에서 사회구성원들의 삶을 국가나 사회가 책임지는 광의적인 개념이다. 전자의 의미에서 사회복지는 그 대상이 사회적 약자나 요보호 대상자 등 사회 일부에 국한되며, 복지서비스도 의식주와 기초의료 등을 중심으로 제공된다. 후자의 의미에서 사회복지는 원칙적으로 사회구성원 전체를 대상으로 하고, 제공되는 복지서비스도 의식주는 물론 의료, 교육, 주택, 노동, 재해, 노후 등 일반 사회성원이 사회생활을 영위해나가는 데 필요한 대부분의 삶의 요소와 관련된다.

사회복지의 철학과 이념은 그 사회가 추구하는 사회복지의 개념이 협의적 개념이냐 또는 광의적 개념이냐에 의존한다. 역사적으로 볼 때 사회복지는 협의의 개념에서 광의의 개념으로 변화해왔다고 할 수 있다. 이러한 개념의 변화를 로마니쉰J.M. Romanyshin은 다음과 같이 정리하였다.

- 보충적인 것에서 제도적인 것으로
- 자선에서 시민권으로
- 특수서비스 활동에서 보편적인 서비스 활동으로

- 최저 기준 달성에서 최적 기준 달성으로
- 개인적 개혁에서 사회적 개혁으로
- 자발적인 것에서 공적인 것으로
- 빈민구제에서 복지사회건설로

이러한 분류는 다른 측면에서 사회복지에 대한 유형 구분인 잔여적 유형과 제도적 유형에 연결시킬 수도 있다. 협의의 사회복지는 잔여적residual 유형과, 광의의 사회복지는 제도적institutional 유형과 일맥상통한다. 잔여적 또는 선택적 사회복지는 사회를 운영하는 여러 제도 중 사회복지제도는 지극히 지엽적이고 주변적인 역할만을 담당한다는 의미이다. 이러한 유형의 사회복지는 18~19세기 영국에서 그 전형을 찾아 볼 수 있다.

산업혁명 초기였던 당시의 영국은 자유방임적인 시장제도가 사회의 주요 운영원리였기 때문에 빈부격차와 사회 불평등은 심화되고 사회구성원 각각의 삶의 질은 전적으로 개인의 책임으로 간주되었다. 따라서 질병, 빈곤, 실업, 재해 등의 문제들에 대한 국가와 사회의 의무는 중요하게 고려되지 않았다. 이러한 상황에서 사회복지는 개인이나 종교단체, 자선단체의 자발적 시혜에 의존하였다. 또한 시장제도에서 탈락한 사람, 실업자, 극빈자, 부랑인 등을 대상으로 하였고, 이들에 대한 수용 및 기초 의식주 해결 서비스에 국한되었다.

반면에 제도적, 혹은 보편적 사회복지는 복지제도가 시장제도를 보완하는 성격을 갖는 것이 아니라 시장제도와 대등한 위치에서 시장제도를 제한하면서 나름대로의 논리대로 운영된다. 이러한 유형의 사회복지는 개인들의 의지와 무관하게 항상 존재하면서 사회구성원 전체를 대상으로 삶의 질과 관련된 거의 모든 서비스를 포괄한다. 20세기 초에 형성된 제도적 사회복지 유형은 오늘날 복지국가를 표방하는 사회에서 기본적으로 추구하는 복지유형이다. 하지만 현실적으로는 잔여적 유형과 제도적 유형이 혼합된 형태로 실천된다.

사회복지의 목적

일반적으로 사람들은 사회복지의 목적을 행복의 추구라고 이야기한다. 그것은 복지에 대한 정의와 실천이 매우 포괄적임을 의미한다. 이 절에서는 구체적이면서 정책적인 측면에서 사회복지의 목적에 대하여 분석하려고 한다.

일반적 목적

사회복지의 목적은 일반적으로 "사회적으로 평안하고 만족스러운 상태를 추구"하는 것으로 정의된다. 이러한 목적은 사회복지의 어의를 통해서도 알 수 있는데, 사회복지를 뜻하는 'social welfare'라는 단어에서 'welfare'는 좋다라는 의미의 'well'과 상태라는 의미의 'fare'가 합쳐진 것으로 결국 좋고 만족스러운 상태를 의미한다. 좀 더 구체적으로 말한다면 인간의 존엄성 유지, 인간다운 생활의 보장, 적절한 수준의 사회적 삶의 보장 등이 사회복지의 일반적 목적에 포함된다고 할 수 있다. 이런 일반적 목적을 실천하기 위해서는 기능적 측면에서 사회복지의 목적을 살펴보아야 할 것이다.

사회 기능적 목적

사회복지는 앞서 살펴본 일반적이고 이상적인 목적 외에도 사회에서 현실적으로 요구되는 기능적인 목적이 있다. 복지의 사회 기능적 목적에는 사회통합과 유지·존속을 위한 목적, 경제성장과 안정을 위한 목적, 정치적 안정을 위한 목적 등이 있다.

사회통합과 유지·존속 | 사회 불평등과 같은 사회문제가 심화되면 사회갈등도 심화되며 사회의 유지·존속도 위태로워진다. 사회복지는 사회문제를 해결하면서 완화시키는 작용을 한다. 이것에 의해 사회갈등은 약화되어 사회의 통합 정도가 커지며 그만큼 사회의 유지·존속도 보장된다.

경제성장과 안정 | 사회복지는 한편으로 경기가 지나치게 호황일 때는 일정 정도의 사회적 부를 저축하는 역할을 하며, 다른 한편으로 지나친 불황일 때는 부의 소비를 통한 경기활성화를 자극함으로써 경기를 조절하는 기능을 한다. 또한 사회복지는 인적자본의 질을 향상시키는 역할을 함으로써 지속적인 안정적 경제성장에 기여하기도 한다.

정치적 안정 | 사회적 갈등과 같은 정치적 불안요소를 제거함으로써 사회구성원들이 안정된 상태에서 생활을 영위할 수 있게 한다.

사회복지와 사회보장

사회복지는 더욱 포괄적인 측면에서 국민들의 생활 안정 및 교육, 직업, 의료 등의 보장에 관한 복지를 추구하기 위한 사회적 노력으로, 이를 위한 사회정책, 사회보장, 주택보장, 공중위생 등을 의미한다. 법적인 측면에서 사회복지와 사회보장에 관련된 법은 무수히 많으며, 인간의 욕구의 변화에 부응하면서 지속적으로 세분화되면서 제정되었다. 그러한 과정 속에서 언어적으로 사회복지와 사회보장은 구별없이 사용되었다. 실질적으로나 내용적으로 사회복지와 사회보장에 있어서 차이는 그리 크지 않다. 여기서는 이미 앞에서 논의된 사회복지보다는 사회보장에 대해 이야기 할 것이다.

사회보장제도

사회보장♣이란 국가의 책임 하에 국민들을 각종 사회적 위험, 즉 실

♣ 사회보장이라는 용어는 1940년 무렵에 그 개념이 정립되었지만, 1929년 세계대공황 이후 실시된 뉴딜정책의 일환으로 1934년 미국의 루즈벨트 대통령이 경제보장위원회에 지시한 소득보장계획과, 1935년 제정된 사회보장법에서 처음으로 사용되었다. 이후 영국의 사회보장제도와 국제노동기구의 "사회보장의 길"을 통하여 보편적으로 사용되기 시작하였다.

업, 질병, 재해, 퇴직, 출산, 사망, 결혼 등으로 인한 소득의 상실이나 결여 또는 추가적인 지출로부터 보호하기 위한 수단이라고 정의할 수 있다. 요컨대 국가가 사회구성원의 사회적 삶을 적절하게 보장하고 관리하는 것을 의미한다. 이러한 의미의 사회보장 개념은 케인즈주의적 사고♠에 입각한 것이다. 이러한 개념은 1930년대 미국의 뉴딜정책에서 처음 등장하였으며 1935년에 제정된 사회보장법Social Security Act의 기반이 되었다.

사회보장은 사회보험과 공공부조, 사회복지서비스의 세 가지 범주로 분류될 수 있다. 그리고 사회복지서비스는 각 분야별로 별도로 다루어지기 때문에 일반적으로 사회보장에서는 사회보험과 공공부조만을 다루기도 한다. 현재 우리 사회에서 전자에는 국민연금을 비롯한 각종 연금제도와 산업재해보상보험제도, 고용보험제도, 건강보험제도 등이, 후자에는 국민기초생활보장제도와 의사상자생활보호제도, 재해구호제도, 부랑인보호제도, 의료급여제도 등이 실행되고 있다.

사회보장제도의 목적

사회보장의 목적에 대한 학자들의 견해는 다양한데, 여러 견해들을 종합하면 다음과 같이 정리할 수 있다.

♠ 사회는 시장원리에 의해 자율적으로 운영되도록 하고 국가는 다만 국방과 치안유지만을 담당한다는 아담 스미스 류의 자유방임적 사고를 비판하면서, 국가가 사회의 전반적 운영에 개입하여 관리할 것을 주장한다.

사회적 위험에 대한 대처 및 최저생활보장 | 질병, 장애, 노령, 실업, 재해 등 사회적 위험이 발생하면 소득을 상실하거나 추가비용 때문에 어려움에 처하게 된다. 이 때 사회보장제도를 통해 사회적 위험을 시간적·사회적으로 분산시킴으로써 어려움에 대처할 수 있으며, 사회구성원들은 인간다운 삶의 영위를 위한 최저한의 생활을 보장받게 된다.

소득재분배 | 소득재분배란 소득을 한 개인에게서 다른 개인에게로, 한 집단에서 다른 집단에게로 적절하게 이전하는 것을 말한다. 이러한 소득재분배에는 소득이 높은 계층으로부터 낮은 계층으로 이전되는 수직적 재분배와, 동일 소득계층 내에서 재분배가 이루어지는 수평적 재분배(예컨대, 취업자에게서 실업자에게로, 건강한 자에게서 병자에게로), 노동세대에서 퇴직세대로 소득이 이전되는 세대 간 재분배(예컨대 부과방식 노령연금)등이 있다.

사회통합 | 사회보장의 본질적인 목적은 사회보장제도를 통해 국민들의 적절한 삶이 보장되고 사회적 불평등이 완화됨으로써 사회구성원들의 소속감과 연대감을 고취하려는 것이다. 또한 사회보장제도를 통해 위험 발생률이 높고 자립능력이 약한 사회집단들 간에 연대를 위한 기반이 마련되는데, 이는 결국 사회적 평등을 강화함으로써 사회통합을 이루게 된다.

사회보험

사회보장의 방법의 하나로서 사회보험은 국가를 주체로 하고 국민을 대상으로 하여, 질병, 노령, 실업, 사망, 기타 신체장애 등으로 인한 활동능력의 상실과 소득의 감소가 발생하였을 때 보험방식에 의하여 소득과 생활의 안정을 보장하는 제도이다.

사회보험은 위험의 이전과 분산, 기여금(보험료)에 의한 재원마련 등의 보험방식을 채택한다는 점에서 민간보험과 동일하다. 그러나 몇 가지 점에서 차이가 있는데, 첫째 가입방식이 강제적이라는 것과, 둘째 특정 개인의 욕구충족을 위한 것이 아닌 사회안정과 같은 사회적 욕구충족을 위한 것이라는 점, 셋째 기여금은 소득비례이지만 급여는 균등급여이므로 소득재분배가 발생한다는 점 등에서 민간보험의 성격과는 근본적으로 다르다.

전통적으로 사회보험에는 질병에 대처하는 의료보험, 산업재해에 관계된 산재보험, 실업에 대응하기 위한 실업보험(고용보험)과 노령, 장애, 사망에 대비하는 노령연금 등이 포함되는데 이를 흔히 4대보험이라고 하며 복지국가의 기준이 된다. 하지만 사회보험 역시 고정되어 있지 않고 사회변화에 맞춰 함께 변화하는데, 고령화와 의료재정의 위기를 극복하고자 최근에 독일과 일본에서 실행되고 있는 제5의 사회보험이라 불리는 수발보험(독일, 1995년)과 개호보험(일본, 2000년)이 그 예라 할 수 있다.

우리나라에서도 2008년 7월부터 노인장기요양보험이 시행된다. 이는 고령화로 인해 노인들의 수가 급속히 증가함에 따라 의료보험재정뿐만 아니라 가족 내의 부담도 심각해지는 상황에서, 기존의 의료보험 대상자였던 노인환자 중 중장기 요양이 필요한 자들을 구분하여 그 비용을 사회보험방식으로 조달하여 해결하려는 방식이다.

공공부조

자본주의 사회의 구조적 모순이 심화됨에 따라 빈곤문제가 사회적 문제로 등장하게 되었다. 이런 문제 해결의 최종적인 방법으로서 국가의 책임 하에 실행되는 정책이 공공부조라 할 수 있다. 이는 공공비용으로 경제적 보호를 요구하는 자들에게 개인별 보호의 필요에 따라 제공하는 최저한도의 사회보장national minimum을 의미한다. 좀 더 간단히 말하자면, 공공부조는 빈곤계층의 기본적 생활욕구 해결을 돕기 위해 소득보장, 의료보호, 교육, 주택 등 기타서비스를 국가가 제공하는 것을 말한다.

이러한 공공부조는 최저생활보장의 원리, 생존권보장의 원리, 국가책임의 원리, 무차별평등의 원리, 급여대상자의 개인적 능력이나 자원, 여타 사회보장제도에 의한 보호 등을 동원하여도 보호가 되지 않는 경우에 한하여 제공한다는 보충성의 원리, 태만, 비행, 범죄, 능력부족 등 빈곤의 원인과 관계없이 빈곤한 상태라는 객관적 요건만 있으면 차별없이 평등하게 기초생활을 보장받는다는 평등보장의 원리, 공공부조는 단순

표 2_공공부조, 사회보험, 사보험 간의 차이 비교

	공공부조	사회보험	사보험
목적	빈곤의 해방	빈곤의 예방	불확실한 삶의 예방
이념	선택주의	보편주의	자발성
원리	생존권 보장	최저생활 보장	경쟁
대상	선택된 빈민계층	전국민	보험 계약자
자격조건	법적 권리	법적 권리	계약
재원	조세	기여금	보험료
급여수준	국민 최저선	국민 적정선	개인의 능력
수급권의 성격	약하다	강하다	없다

히 기초생활을 도와주는 데 목적이 있지 않고 대상자의 자립을 궁극적 목적으로 한다는 자립자활조장의 원리 등에 입각한다. 〈표 2〉는 공공부조, 사회보험 그리고 사보험 간의 특징에 대해 비교 분석하였다.

사회복지의 주체와 대상

사회복지의 주체

사회복지의 주체란 복지 서비스를 제공하는 당사자를 의미하는데, 크게 민간주체와 공적주체로 구분된다. 전자에는 법인형태의 종교단체 및 기업, 자선단체 등이 속하며 이들에 의해 제공되는 복지를 민간사회복

표 3_ 공공사회복지와 민간사회복지의 장단점 비교

구분	공공복지	민간복지
장점	- 재정적으로 안정 - 국민 최저생활의 보장 - 서비스 제공의 보편성과 지속성 - 형평성, 책임성의 담보 - 서비스에 대한 접근은 청구권적 의미	- 법적 한계를 넘어서는 개인의 욕구에 대응 용이 - 국가에 대해 대상자의 입장에서 비판 - 수혜 대상자의 자존심 유지 - 독창적인 서비스 개발 용이 - 서비스 제공의 다양성과 프로그램 개발의 혁신성
단점	- 관료적, 획일적인 운영 - 탄력성과 융통성 결여 - 복지욕구를 위한 법적 토대의 형성에 있어서 즉각적 대응이 어려움 - 지역 간의 격차 발생	- 재원확보의 불확실성 - 보편적이고 지속적인 서비스 제공의 어려움 - 자선적, 시혜적 성격 - 서비스의 선별적인 제공

지라고 한다. 후자에는 국가와 지방자치단체 등이 포함되며 이에 의해 제공되는 복지를 공공사회복지라고 한다.

앞에서도 논의되었지만 잔여적, 제도적이라는 개념적 토대에 의해 사회복지의 주체를 민간주체와 공적주체로 구분할 수 있다. 즉, 19세기말까지는 민간주체가 사회복지에서 중심역할을 했지만 이후 20세기 들어, 특히 20세기 중반 전형적인 복지국가가 발달된 시기에는 공적주체가 중심적 역할을 실천해 왔다. 〈표 3〉에서 보듯이 민간주체와 공적주체는 각각 나름대로의 장단점을 지닌다. 따라서 20세기 후반으로 오면서는 양적인 차이는 있지만 각 나라들의 이데올로기의 선택 여하에 따라 두 주체를 결합하여 양자의 장점을 모두 취하려는 방향으로 전개되었는데, 이에 따라 오늘날에는 순수 민간주체 또는 순수 공적주체에 의한 사회복지는 매우 드물고 대부분의 사회복지는 이 두 주체가 결합된 형태에 의해 시행된다.

사회복지의 대상

사회복지대상이란 사회복지의 주체들에 의해 제공되는 다양한 복지 서비스를 수혜 받는 당사자를 의미하는데, 흔히 클라이언트client라고도 한다. 사회복지의 태동기라 할 수 있는 18~19세기에는 사회복지의 대상이 개인적인 차원에서 사회적으로 소외된 하층집단으로 제한적으로 규정되었다. 그러므로 이 시기에는 빈민, 부랑인, 장애인 등과 같은 사회적 약자와 요보호 대상자만이 복지의 대상으로 간주되었고 제공되는 서비스도 제한적이었으며 복지 서비스 수혜가 사회적 불명예 또는 낙인으로 인식되었다.

그러나 사회적 약자의 문제를 사회적 차원에서 접근하기 시작한 20세기 이후 사회복지대상의 폭이 일반 국민 전체로 확대되기 시작하였다. 물론 오늘날의 사회복지가 국민 전체를 대상으로 한다고 해서 특수 계층만을 대상으로 하는 전문화된 복지서비스가 간과되거나 쇠퇴하는 것은 아니며, 오히려 장애인, 노인, 여성, 아동, 각종 환자, 재소자, 학생 등과 같은 특수계층에 대해 전문화된 복지서비스와 프로그램이 지속적으로 발전하고 있다. 그런 측면에서 복지 서비스와 수혜자의 확대는 복지국가에서 사회복지가 시민으로서 당연히 누려야 할 청구권적인 권리로 인식되고 있음을 의미한다.

사회문제와
사회복지

사회문제란 현대 산업사회에서 필연적으로 발생하게 되는 개인적 차원의 문제뿐만 아니라 사회구조적인 차원에서 발생하는 문제들을 의미한다. 이 두 가지 차원의 문제는 별개의 것이 아닌 상호 연관을 가지고 있다. 이와 같은 문제의 해결은 적극적 의미의 사회복지와 소극적 의미의 사회통제를 통하여 이루어져 왔다.

산업사회 이전 사회인 고대사회 또는 농업사회에서는 개인의 능력, 계급적 위치 등 주어진 여건에 따라 개인적 차원에서의 복지가 이루어졌다면, 산업사회 등장 이후에는 사회문제를 해결 또는 완화시키기 위하여 국가와 사회적인 차원에서 사회복지의 제도화가 이루어졌다.

사회문제는 일반적으로 사회구성원들이 공유하고 있는 문제를 의미한다. 반면에 개인의 문제는 흔히 사회문제와 대칭적인 개념으로 인식된다. 하지만 개인은 사회의 일원이기에 개인의 문제를 사회적 차원에서 접근해야 할 필요성도 있다. 예를 들어 마약복용은 개인의 문제로 치부할 수도 있지만, 사회문제로 바라보는 시각에 훨씬 많은 의미를 부여할 수 있다. 그러므로 사회문제와 개인문제는 이분법적인 논리가 아닌 사회성sociality과 보편성universality이라는 관점으로 정리할 수 있을 것이다.

예를 들어, 실업문제에 있어서 만약 한 사회에 일자리가 풍부한데도 실업자가 증가한다면 실업의 원인은 실업상태에 있는 개인의 의지, 태도, 능력과 관련 있을 것이며, 그런 측면에서 실업을 개인문제로 간주할 수 있을 것이다. 그러나 만일 어떤 사회에서 취업을 하고 싶은 사람에 비해 일자리가 현저히 부족하다면, 취업을 원하는 사람들의 개인적 능력, 태도, 의지와는 무관하게 항상 실업은 존재할 수밖에 없을 것이다. 이러한 경우 실업은 사회문제로 바라볼 수 있다.

개인문제와 사회문제는 항상 고정되어 있지 않다. 다시 말해, 동일한 문제라고 하더라도 시대와 상황에 따라 개인문제가 될 수 있고 사회문제도 될 수 있다. 개인적 문제로 인식되던 것이 사회변화에 따라 사회성과 보편성을 갖게 되면 사회문제로 전환되며, 반대로 사회문제로 인식되던 것이 사회성과 보편성을 점점 상실하게 되면 개인문제로 전환된다. 한편, 개인문제가 사회문제로 전환되면 그 문제를 해결하기 위한 국가적·사회적 관심이 출현하는데 사회복지는 이와 밀접한 관련이 있다.

현대사회의 사회문제 사회문제는 고정되어 있지 않고 한 사회의 구조적 특성에 따라 사회문제로 규정되기도 하고 그렇지 않기도 한다. 과거에는 사회문제를 개인이 규범을 파괴하는 위반violation이라는 관점으로 규정했다면, 현대사회에서의 사회문제는 사회구성원을 정신적, 물질적 고통에 빠지게 하는 사회구조적 특성을 중시하는 방향으로 전환되었다.

현대사회의 구조적 특성을 꼽는다면 자본주의 경제체제, 산업화, 도시화 그리고 핵가족화, 정보화 등을 열거할 수 있다. 이로써 빈곤문제, 대규모 질병문제, 실업문제, 노후문제, 환경문제, 육아문제 등과 같은 오늘날의 주요 사회문제들이 매우 복합적으로 발생한다. 이런 측면에서 현대의 주요 사회문제는 현대사회의 구조적 특성과 연관시켜 이해할 필요가 있다.

자본주의 경제체제와 사회문제

역사적으로 자본주의는 경제적인 측면에서 다른 어떤 이데올로기보다 인류 역사에 거대한 영향을 미친 이데올로기라 할 수 있다. 그것은 16세기 봉건사회가 붕괴하면서 싹트기 시작하였으며, 형성되는 과정에서 친족제도, 토지경작 관행, 소유권제도, 지역사회에 의한 보호 등과 같은 사회의 전통적 질서가 붕괴되었다. 이 과정 속에서 대규모 농민층이 기존 삶의 터전으로부터 축출되면서, 대량의 빈민층이 형성되었으며, 새로운 사회문제를 발생시켰다. 한편 봉건사회에서 자본주의사회로 이행하던 산업혁명 시기, 영국사회에서는 자본주의체제에 대항하는 러다이트Ruddite운동▲과 자본주의체제를 강화하는 엔클로저Enclosure운동▲▲이 나타났다. 자본주의 발달과정에서는 기계화와 자동화를 통하여 지속적으로 실업이 발생하게 되며, 자본은 잉여가치를 점점 더 많이 축적하기 위해 잉여가치의 원천인 노동에 대한 착취를 강화한다. 그러므로 현대 산업사회에서의 실업문제, 빈곤, 빈민문제는 자본주의 경제체제라는 현대사회의 구조적 특성과 밀접한 연관이 있다.

▲ 19세기 초 영국 섬유산업에서 발생한 반자본주의 운동으로, 노동자들은 산업혁명 이후 실업의 원인이 섬유기계에 있다고 규정하였다. 기계파괴운동이라고 부르기도 한다.

▲▲ 16세기 영국에서는 농노들의 비참한 생활 속에서 지주들의 농사보다 모직산업의 수익성을 인식하여 농토에 울타리를 만들어 양을 치는 목양지로 전환하는 일이 나타났다. 후에 이 상황은 산업혁명의 원동력이 되었으나 농민이 노동자로 전락하여 도시빈민으로 되는 사회문제가 발생하였다. 농토 → 목양지 → 농민이동 → 노동자 → 도시빈민

산업화와 사회문제

산업화는 18세기 중엽 영국에서 시작된 산업혁명에 기인한다. 그것은 기술혁신뿐 아니라 사회구조적인 변화와 함께 나타났으며, 그 특징은 재화의 대량생산, 대량소비와 전문화된 분업이라 할 수 있다. 자급자족을 특징으로 하던 생산방식이 사회분업을 통해 이루어짐으로써 직접생산자들은 더 이상 자급자족할 수 없게 되었으며 사회적 분업에 의해 주어지는 일자리가 사회구성원의 삶을 영위해가는 데 매우 중요한 위치를 차지하게 되었다.

대량생산과 대량소비는 한편으로는 인간에게 물질적인 풍요로운 삶을 제공하기도 하였지만, 다른 한편으로는 표준화, 규격화 그리고 물질만능주의를 통하여 인간성의 파괴를 야기했다. 대량생산의 핵심인 분업과 전문화, 생산시설의 자동화는 인간을 기계의 부품, 노예로 만들었으며, 산업화 초기의 긍정적 역할이 오히려 노동자를 공격하는 요인으로 작용하였다. 이것은 앞서 언급한 러다이트 운동이 발생하게 된 배경이다.

또 다른 측면에서 산업화는 위생, 환경, 질병, 장애와 연관된 문제들을 야기했다. 산업재해 역시 대규모의 기계화된 시설과 설비를 통해 생산이 이루어지는 산업사회에서 발생하는 문제라 할 수 있다. 앞서 이야기한 실업문제, 그리고 노후문제 역시 산업화와 관련된 심각한 사회문제라 할 수 있다. 왜냐하면 산업사회에서는 사회구조와 인구구조 그리고 산업구조가 매우 급속하게 변화하며 지속적으로 실업자가 발생하기 때문이다.

대부분의 산업사회에는 정년제가 존재한다. 이 제도는 생산과정에서 기계를 다뤄야 하며 계속적으로 변화하는 생산 관련 전문지식을 습득해야 하는 산업사회 생산의 특성과 관련 있다. 이러한 정년퇴직제도로 인해 사회구성원들은 일정한 연령이 되면 제도적으로 생산에 참여할 수 없게 되고 그로 인해 경제적, 사회적, 문화적 삶이 큰 타격을 받게 된다. 이러한 노인문제는 새로운 형태의 사회문제로서, 그 핵심은 노인이 아닌 사회구성원들에게 부담을 주는 부양문제라고 할 수 있다. 이 문제와 연관된 현상으로 현대사회에서 가족의 변화를 꼽을 수 있다.

도시화, 핵가족화 그리고 사회문제

현대 산업사회, 자본주의사회가 형성되면서 도시화와 핵가족화도 광범위하게 진행되었다. 도시화에 따라 도시지역에 인구가 집중되었는데, 이에 따라 주택문제, 환경문제, 위생문제, 교통문제 등이 사회문제로 대두되었다.

흔히 알려진 것처럼 핵가족화란 단순히 2대 이하로 구성되는 가족형태의 증가만을 의미하는 것은 아니다. 핵가족화는 가족형태뿐만 아니라 가족구조와 가족관념(문화)의 변화까지 의미하며, 여기서 자세히 논할 수는 없지만 가족구성원 간의 연대의식의 약화, 가족구성원 규모의 축소, 가족기능의 축소 등의 변화를 수반한다. 그리고 이러한 변화의 맥락에서 노인부양문제, 아동양육 및 육아의 문제가 심각한 사회문제로 대두되는 것이다.

사회문제의 대처와 사회복지

사회문제의 해결방식에는 두 가지 차원이 있다. 하나는 온정주의♠ 방식으로 처벌과 같은 제재를 통한 소극적인 접근을 의미하며, 다른 하나는 적극적 방식으로 사회복지를 통한 해결을 의미한다. 오늘날 대부분의 사회에서는 후자의 측면에서 사회문제의 예방적인 차원을 중요시하고 있다. 전자는 근대 이전 사회에서 행하던 방식이며, 후자는 현대사회에서 그리고 선진사회에서 실행되는 방식이다. 사회문제들을 해결하기 위하여 현대사회에서는 개인적인 차원의 복지가 사회복지로 제도화되었다. 그러므로 현대사회에서의 사회복지는 일시적 · 자선적 · 주변적인 성격에서 벗어나 상시적 · 제도적 · 보편적인 성격을 형성하게 되었다. 이러한 성격변화와 함께 현대사회의 사회복지는 국가와 사회에 의해 체계적으로 관리 · 운영되고 있다.

♠ 온정주의는 사회복지가 독자적 사회제도로 형성되기 이전에 복지서비스의 제공을 종교단체나 자선단체에 집중적으로 의존하면서 형성되었다. 그래서 이러한 단체나 개인에 의한 복지서비스 제공은 그 단체나 개인의 자발성, 자선, 온정에 의존하는 것이기 때문에 일시적일 수밖에 없고 시혜적인 성격을 지닐 수밖에 없었다. 이와 같은 사회복지의 특성을 흔히 온정주의paternalism라고 하는데, 그 어감과는 달리 '발전하지 못한 상태' 또는 '초기의 미성숙한 상태'라는 부정적 의미로 사용되고 있다.

...Part 2

사회복지 발전에 관한 이론들

■ ■ ■

　오늘날의 사회복지는 18세기 산업혁명이 영국에서 발생한 이후 200여 년의 역사적 흐름 속에서 발전해 왔다. 이 장에서는 사회복지 발전에 대해 설명하는 주요 이론들을 검토하면서 사회적 · 정치적 · 경제적 요인들이 복지발전에 어떤 영향을 끼치고 있는가에 대해 살펴볼 것이다. 이를 통하여 현대 사회복지에 대한 논리적 이해와 거시적 안목이 형성될 수 있을 것이다.

산업화 이론

산업화 이론은 산업화의 진전에 따라 가족과 공동체의 전통적 복지기능(경제, 교육, 문화 등)이 쇠퇴하기 때문에 이를 국가와 사회가 사회복지를 통해 대신하게 되었다고 주장한다. 즉, 전통사회에서는 가족이나 공동체가 개인들의 사회적 삶을 보장하는 역할을 했지만, 산업화에 따라 마을공동체와 가족이 해체 내지 축소되면서 그와 같은 역할을 더 이상 수행할 수 없게 되었고, 현대 산업사회에서는 그러한 기능을 국가와 사회가 흡수하여 수행하게 되었다는 것이다. 또한 산업화에 의한 경제발전이 사회복지 발전에 필요한 자원 확보를 가능하게 만들었다는 사실은 산업화와 사회복지 발달과의 밀접한 연관성을 주장하게 되는 핵심이다.

이런 이유에서 오늘날 많은 학자들은 산업화와 경제발전 정도, 그리고 사회복지 발달 정도 간에 일정한 상관성이 있음을 인정한다. 그러나 산업화 이론은 산업화 정도와 경제발전 정도가 비슷한 국가들 사이에서도 복지의 형태나 발전 수준에 있어서 많은 편차를 보이며 복지에 대한 욕구에 있어서도 일정한 차이가 있음을 간과하고 있다. 이는 산업화 이론의 한계라고 볼 수 있다.

독점자본주의 이론

이 이론은 마르크스주의 관점에서 접근하며 사회복지의 등장에 대해 비판적인 입장을 취한다. 즉 복지국가는 독점자본의 필요성에 의해서 발전한다는 것이다.

에스핑 안데르센은 이러한 관점을 세 가지로 구분한다. 첫째는 도구주의적 관점으로 국가를 자본가의 이익을 결정하고 수호하는 도구로 간주한다. 둘째는 구조주의적 관점으로 국가와 자본 사이의 객관적 관계를 중요하게 강조한다. 셋째는 자본과 노동 간의 관계에 있어서 정치적 계급투쟁의 관점이 그것이다. 여기서는 각 관점에 대한 설명이 아닌 전체적인 독점자본주의 이론에 대하여 분석할 것이다.

이 이론은 사회복지제도의 발전을 자본주의의 이익확보 차원에서 접근한다. 즉, 대공황이나 사회의 저변으로부터의 정치적 압력(예컨대 폭동 등)에 대항하여 자본주의체제를 보호하려는 목적, 또는 자본주의의 장기적 안정을 위해 자본 간의 단기적 이해관계를 조절하여 자본축적을 안정화하고 자본주의체제의 정당성을 확보하기 위한 목적에서 사회복지제도가 발전한다고 주장한다.

따라서 이 이론에서는 사회복지제도를 자본의 이익을 위한 것으로 간주한다. 그러므로 피상적으로 사회복지는 노동자나 빈민들에게 이익을 주는 것처럼 보이나, 본질적으로는 이들을 자본주의 체제에 길들이기 위한 전술로서 사회복지에 대해서 비판적 입장을 견지한다.

독점자본주의 이론은 비교적 초기의 사회복지 이론으로서 오늘날 이 이론을 그대로 따르는 학자는 드물다. 이 이론은 사회복지가 일반적으로 이해되는 것처럼 자본가의 이익에 반하고 경제발전을 저해하는 것이 아니라 자본가의 이익에 도움이 되면서 장기적인 측면에서 자본주의의 안정적인 발전에 기여한다는 점을 밝힘으로써, 사회복지 발전과정에서 자본의 양보를 얻어내고 사회적 합의를 도출해 내는 데 중요한 이론적 정당성을 부여하였다.

그러나 독점자본주의 이론의 한계는 과도하게 경제 결정론적이며, 다양성을 무시하는 경향이 있다는 것이다. 또한 사회복지가 실제로 자본의 이익에 기여하는 것인지, 또 기여한다면 어느 정도인지를 과학적으로 검증하기 어렵다는 점은 가장 큰 단점이다. 뿐만 아니라 이 이론에 따르면 비슷한 자본주의 발전 정도를 보이는 국가들에서는 사회복지도 비슷한 발전 양상을 보여야 하지만, 자본주의 발전 정도가 비슷한 국가들 간에도 복지형태 및 발전 정도가 상이하다는 측면에서 한계를 지닌다고 할 수 있다.

사회민주주의 이론　　사회복지 분야에서 산업화 이론과 독점자본주의 이론의 대척점에 위치하면서도 양 이론을 발전적인 측면에서 종합하고 있는 이론이 사회민주주의(이하 사민주의)♣이론이다.

북유럽 국가들, 특히 스웨덴은 사민주의 입장에서 대표적인 복지국가의 상징으로 알려져 있다. 사민주의는 복지국가 형성에 기여하면서 대

♣사회민주주의는 19세기 서유럽 노동운동과정에서 만들어진 이념이다. 그것은 러시아 혁명 이전에 영국에서 발생한 개량주의적 노동조합주의로부터 독일의 마르크스주의와 극단적인 아나키즘에 이르기까지 자본주의체제에 비판적인 노동운동의 전체적인 이념을 통합적으로 적용하였으며 사회주의와는 구별되지 않았다. 사민주의는 노동운동에 기반을 둔 사회주의와 의회주의가 결합한 중도적인 노선을 지향한다고 볼 수 있다.

부분의 복지국가에서 지배적인 이론적 토대로 작용한다. 이런 이유로 사회복지는 사민주의의 전유물로 간주되기도 하였다. 독점자본주의 이론과는 달리 사민주의 이론에서는 사회복지가 자본가의 일방적 이익을 위한 것이 아니라 노동계급의 이익에도 크게 기여하는 보편적 복지를 추구한다.

이 이론은 산업화 이론이나 독점자본주의 이론과는 달리 정치적 요소를 중요시 하며, 사회복지는 자본가에 대한 노동계급의 정치적 투쟁과 노력의 결과물이라 본다. 즉, 복지국가의 발전에 있어서 자본과 노동의 계급투쟁을 통한 노동운동의 성과로 접근하는 것이 사민주의 이론이다. 하지만 보수당이나 자유당이라 할지라도 복지와 연관된 프로그램을 도입한 사례들이 많은 국가가 존재하기 때문에, 사민주의를 표방하는 정당만이 노동계급을 위한 복지정책을 펼친다는 논리는 한계가 있다.

국가중심 이론 앞서 논의된 이론들은 모두 사회복지에 대한 수요를 사회복지의 등장 배경과 발전의 중요한 요소로 간주하지만, 국가중심 이론은 공급의 측면에서 복지국가의 발전 동인을 찾는다. 즉 공급자로서의 국가와 전문화된 관료기구를 사회복지의 주체적 요소로 간주한다.

달리 말해 국가중심 이론은 복지국가의 발전을 관리자인 국가의 구조가 발전한 산물로 규정하고 있다. 그러므로 이 이론은 국가를 계급이나 정치적 이익집단으로부터 자율적인 주체로 인식하면서, 국가는 자율적인 주체로서 존재적 정당성을 확보하려는 차원에서 복지제도를 확충한다고 주장한다. 즉 국가는 계급이나 이익집단의 영향을 받기도 하지만 스스로 자신의 전문성과 정당성을 추구하는 주체이며 이 과정에서 국가 스스로 사회적 요구와는 무관하게 복지제도를 확충한다는 것이다.

전통적인 이론들에서는 국가가 사회의 요구를 반영하여 그것을 복지제도로 입안, 시행하는 것으로 인식했다. 그러나 국가중심 이론에서는 이와 반대로 국가가 사회적 요구와는 무관하게 독자적으로 복지제도를 입안하여 시행하면서 오히려 이를 사회에 강제함으로써 복지발전을 주체적으로 주도한다. 국가는 이와 같은 일을 통해 자신이 매우 중요한 일을 하고 있다는 점을 사회구성원에게 주지시킴으로써 정당성을 얻게 된다.

실질적으로 현대사회의 많은 복지프로그램들이 정치가나 전문적인 복지관료에 의해 주도적으로 도입되며, 정부 내의 복지관료기구들은 자체의 이익을 극대화하기 위하여 사회의 복지욕구 변화와는 관계없이 각 기구들이 차지할 수 있는 예산을 팽창시키거나 기구의 역할을 증대시키고자 한다. 이와 같은 현상은 사회복지 발전에 있어 국가중심 이론의 타당성을 증명하는 것이라 할 수 있다.

정리　앞서 논의된 이론들은 사회복지의 태동과 연관된 이론이라 할 수 있다. 이 이론들은 사회복지를 설명하는 데 매우 중요하다. 왜냐하면 어떤 이론적 토대를 선택하느냐에 따라 사회복지의 수요자와 공급자의 규정과 모든 각론적인 범위에 변화가 있을 수 있기 때문이다.

앞에서 언급한 것처럼 사회복지분야에서 사회복지에 대한 이론적 근거를 독자적으로 설명하려는 노력은 거의 없었다. 그보다는 다른 분야(사회학, 행정학 정치학 등)에서 연관된 논리들을 부분적으로 도입하여 사용하였다. 그런 이유로 사회복지의 발전과정을 설명하려는 이론들은 모든 이론들이 그렇듯이 상황과 현상에 따라 차이는 있지만 각 이론들마다 나름대로의 타당성을 지닌다고 볼 수 있다.

현실적으로 복지국가를 발전시키고 정책을 집행하는 데 있어서 각 이론이 독자적으로 적용되고 실천되는 경우는 거의 없다. 대부분의 나라들은 각 이론들의 과정적 오류를 극복하고 각 이론들의 장점들을 복합적으로 수용하면서 실천한다.

사회복지발달사 I

머리말에서 이미 언급한 것처럼 인류의 등장과 더불어 인간은 자신의 삶의 질을 증진시키기 위해 노력하였으며, 그것의 구체적 표현인 행복한 삶의 추구를 복지라 부른다. 이러한 복지를 역사적인 측면으로 접근하며 정리하는 분야가 사회복지발달사(엄밀한 의미에서는 서구 혹은 유럽의 사회복지발달사)라 할 수 있다. 특히 산업과 경제의 성장은 사회복지 발전을 위한 가장 중요한 전제조건이다. 이에 대한 설명과 분석을 위하여 산업혁명을 기점으로 산업혁명 이전과 산업혁명 이후로 구분하

겠다.

현대적 의미에서 사회복지는 시기적으로 봉건사회가 붕괴되고 산업자본주의사회가 성립하던 17~18세기에 처음 태동(태동기)하였고, 이후 19~20세기 초에 걸쳐 주요 복지제도들이 갖추어지기 시작했으며(초기 형성기), 20세기 중엽 그 전형적 형태가 완성(완성기)되었다. 즉 사회복지는 자본주의사회의 계급모순을 해결하는 과정에서 등장하였다.

산업혁명 이전의 사회복지

사회복지의 태동기

현대적 의미의 사회복지는 17~18세기 영국에서 태동하였다. 이 시기 영국은 봉건사회가 점차 해체되고 자본주의가 서서히 형성되던 과도기로서 봉건주의적인 성격과 자본주의적인 성격이 공존하던 시기였다. 봉건사회가 해체되면서 이 시기의 전통적인 농민은 토지로부터 축출되어 대규모 빈민, 부랑인층을 형성하였다. 따라서 이 당시 빈민문제와 부랑인문제가 심각한 사회문제로 대두되었다.

이러한 문제에 대처하기 위한 다양한 방안들 중에서도 빈민구제 방안, 부랑인들을 정착시켜 노동 자원화하기 위한 방안 등이 주류를 이루었다. 이 중에서 복지에 관련된 입법으로 구빈법을 들 수 있다.

전통사회에서도 복지 서비스를 제공하거나 사회적 도움을 필요로 하는 사람을 돌보아주는 시책들이 존재했다. 그러나 전통사회에서의 복지 서비스 제공 및 사회적 보호는 주로 교회공동체와 지역공동체에 의한 상호부조 형태, 또는 지배층에 의한 일시적 구제책 형태로 제공되었다. 또한 이러한 서비스 및 보호의 제공은 일방적, 자선적, 시혜적paternalism인 성격이 강했고, 제도화되지 못했기 때문에 공급자나 수급자 모두 개인적인 차원에서 그것을 제공하는 주체의 자의에 따라 비정기적으로 시행되었다. 산업혁명은 이러한 복지형태의 변화를 가져 왔다. 그러므로 산업혁명 이전 사회복지의 특성은 산업혁명 이후 근대사회로 들어오면서 나타난 사회복지의 특성과 근본적으로 상이하다. 따라서 오늘날 일반적으로 사용되는 사회복지의 의미, 즉 제도적, 보편적, 권리적인 의미의 사회복지가 전통사회에도 존재했다고 보기는 어려우며, 그런 측면에서 논의 대상이 되는 것이 구빈법이다. 이 법은 말 그대로 빈곤층의 증가를 구빈의 측면에서 접근하여 실행한 법으로, 사회복지의 태동은 일반적으로 이 법에서 찾는다.

구빈법Poor Law

역사적인 측면에서 구빈법의 등장은 15세기까지 거슬러 올라갈 수 있는데, 그 시기는 영국의 사회구조에 커다란 변화가 일어나고 있었다. 농노제의 해체로 젠트리♣라는 새로운 사회계급이 탄생하였고 살길을 잃은 농민들이 빈민으로 전락하는 상황이 야기되었다. 이에 대한 해결책이 바로 구빈법이라 할 수 있다. 구빈법은 상황에 따라 여러 가지 형태의 법으로 재탄생되면서 1948년 국민부조법이 발효될 때까지 114년 동안 영국인의 삶에 큰 영향을 미쳤다.

법의 원명은 엘리자베스 구빈법Elizabeth Poor Law으로 1601년에 제정된 최초의 사회복지법이라 할 수 있다. 당시 심각한 사회문제였던 빈민과 부랑인 문제에 대처하는 내용을 담고 있다. 이 법에서는 당시 빈민과 부랑인을 크게 노동능력자와 노동무능력자, 빈곤아동으로 구분하였으며, 노동능력자에게는 강제노동을, 노동무능력자에게는 최소한의 구제를, 빈곤아동은 도제로 흡수할 것이라 규정하였다. 또한 노동무능력자가 최소한의 구제를 받기 위해서는 거주지를 제한할 것과 노동능력자에게는 거주제한과 함께 작업장을 지정할 것이라 규정하였다.

구빈법에 의한 사회구제는 구빈의 책임을 지방정부가 지고, 교구단위로 노동능력이 없는 자를 구제하며, 노동능력이 있는 자에게는 구제의 의무를 부여하였다. 특히 구제에 필요한 재원은 구빈 감독관을 두어 교구 주민들 중 자산이 있는 자로부터 징수하였으며 구빈세로 조달되었다.

당시 대표적 복지입법에는 이미 언급된 구빈법을 비롯하여 정주법,

♣ 어원적으로 젠트리gentry는 젠틀맨을 의미하며, 영국에서 14~15세기에 생겨난 지방의 신흥지배계층을 말한다. 후에 이 계층은 지역의 치안판사 및 높은 사회적 지위를 획득하게 되고 많은 사회적 실권을 장악하게 되었다.

작업장법, 길버트법, 스핀햄랜드법 등♠이 있다.

신구빈법The New Poor Law

산업혁명에 의한 산업자본주의에서는, 인간의 노동이 토지와 신분에 종속되어 있어서 매매의 자유를 제한했던 전통사회와는 다르게 인간노동을 하나의 상품처럼 자유롭게 매매할 수 있었다. 따라서 자본주의제도가 성립되던 이 시기에는 인간노동을 토지와 신분으로부터 분리시켜 자유로이 이동·매매될 수 있게 하기 위한 방안뿐만 아니라 빈민이나 부랑인들에게 압박을 가하여 그들을 임금 노동자로 전환시키면서 빈곤의 덫♠♠으로부터 벗어나려는 노력들이 사회복지에 관련된 법의 제정으로 나타났다. 태동기에는 빈민계층에 대한 시혜적 구제가 중심이었지만, 발전기에는 그것과 더불어 산업화로 생겨난 임금노동자에 대한 사회복지의 중요성도 강조되었다. 그 결과물이 신구빈법이라 할 수

♠ 1662년에 제정된 정주법定住法은 빈민에게 구제 및 일자리 제공을 규정하는 동시에 이동의 자유를 제한하는 법률이다. 작업장법은 교회의 교구들에 의한 빈민 작업장 제공과 관리를 규정한 법률로서 구빈법을 보완하기 위해 1722년에 제정되었다. 1789년에 제정된 길버트법Gilbert Act은 기존의 법들과는 달리 내용적으로 사회복지에 근접하였다. 즉 노동의 강제가 아닌 빈민들의 원외구제를 허용하여 좀 더 인간다운 생활을 가능하게 하였다. 1795년에 제정된 스핀햄랜드법Speenhamland Act은 최저생계비에 대해 관심을 가지고 국가가 조세를 통하여 최저임금(부족분을 국가가 보충)을 보장해주도록 한 법이다.

♠♠ 구빈법 이후 제정된 사회복지에 관련된 법체제가 야기하던 문제를 의미하던 용어로서, 노동을 하지 않아도 생활비가 국가로부터 보장되고, 최저생계비 이하의 임금을 받아도 나머지 부분(최저생계비에 모자란 부분)에 대해 국가가 보충해 주는 제도가 잘 갖추어져 있으면 사회구성원들이 굳이 취업을 하려고도, 또 최저생계비 이상의 더 나은 임금을 받으려고 노력하지 않게 된다는 의미이다. 이후 이 용어는 좁게는 복지병의 의미로 사용되거나, 사회복지가 너무 발전하면 사회가 나태해지고 의존적이게 된다는 뜻으로 확장되어 사용되고 있다. 특히 사회복지를 비판하는 논자들이 자주 사용하는 개념이다.

있다.

엘리자베스 시대를 거쳐 빅토리아 시대에 들어 구빈법의 빈민구제 재원의 토대였던 구빈세 징수로 인하여 중상류층의 불만이 증가하였다. 원외구제에 의해 발생한 빈민과 노동자의 소득의 모순의 문제를 해결하기 위해 1834년에 제정된 신구빈법은 열등처우 원칙에 기반하여 원외구제를 중지시켰다. 이러한 원칙은 빈민들의 게으름이 빈곤의 원인이라는 개인적 차원의 접근을 기반으로 한다. 신구빈법은 봉건제 해체과정에서 대규모로 형성된 빈민들에 대한 보호·구제를 제공했다기보다는 노동의 상품화로 자본주의화를 촉진시키는 효과를 가져왔다.

사회복지발달사 II

이 장에서는 본격적인 산업자본주의 속에서 발생한 노동문제와 그것의 해결을 위한 사회보장제도들이 논의될 것이다. 사회보장제도는 자본주의 모순으로 야기되고 있는 사회적 문제들(질병, 노화, 실업 등)을 해결하기 위한 소득보장으로 사회복지의 큰 틀에 속한다. 이 장에서는 사회복지 형성기, 완성기, 변화기로 구분해서 다루게 될 것이다.

사회복지의 초기 형성기

사회복지의 초기 형성기는 19~20세기 초 유럽을 배경으로 한다. 이 시기를 초기 형성기라 하는 이유는 오늘날의 현대적 사회복지제도의 모델들이 이 시기에 서서히 등장하기 때문이다. 앞에서 언급한 태동기의 복지법들은 형태 면에서는 오늘날의 복지제도와 유사한 면이 있지만 신구빈법에서 전형적으로 보듯 내용상으로는 자본주의 시장논리에 입각해 있다는 점에서 근대적 의미의 복지제도와는 거리가 있다.

19세기 후반이 되면서 자본주의 시장질서로 인한 병폐들이 심각한 수준에 이르렀다. 따라서 자본주의 시장질서를 제한함으로써 자본주의 사회의 문제점들을 완화, 보완, 개선하려는 움직임이 나타났는데, 이 시기에 만들어진 제도들이 사회보장제도이다. 이를 설명하기 위하여 여기서는 자본주의 사회질서 변화의 실마리를 살펴보려고 한다.

노동운동과 사회정책

시장질서와 자본질서의 모순에 대항하는 노동운동은 19세기 후반에 이르러 절정에 달했는데, 자본주의의 심각한 폐해를 인식하고 이를 부정하는 사회적 분위기가 전 유럽에서 형성되고 있었다. 사회정책sozial politik이라는 개념은 독일에서 산업화 과정에서 발생하는 여러 사회문제의 현황과 원인 및 대처방안 등을 연구하기 위하여 구스타프 슈몰러Gustav Schmoler를 중심으로 1873년에 설립된 사회정책협회Verein für Sozialpolitik가 활동하면서 일반화된 개념이다. 이러한 사회정책은 근본적으로 자본주의 체제 유지를 위한 체제 보완이라는 측면에서 노사간의 갈등문제의 해결과 노동자 보호정책으로부터 출발하였다. 그러나 현대사회에서 그 개념이 확장되어 사회적 취약계층에 속한 개인의 삶의 질을 향상시키기 위해 국가개입에 의해 실행되는 정치적 행위를 의미하게 되었다. 영국에서는 일찍이 빈민구제에서 사회봉사, 사회정책이 발달하였지만, 독일에서는 노사갈등의 해소에 관한 관심으로부터 발달하였다.

사회정책은 사회보장국가의 정책♣또는 사회보장국가를 지향하는 정책이라 할 수 있다. 사회보장이란 질병, 장애, 노령, 실업, 사망 등 각종 사회적 위험으로부터 모든 국민을 보호하고 빈곤을 해소하며 국민생활의 질을 향상시키기 위하여 제공되는 사회보험, 공공부조, 사회복지서비스 및 관련된 다양한 복지제도를 말한다. 원래 사회보장의 의미는 영어의 'Social Security'에서 'Security'의 'Se'(=Without 해방) + 'Cura'(=Care 걱정 근심), 즉 "불안을 없게 한다"는 의미를 갖는다. 그러므로 사회보장이란, 한편으로는 사회적 불안을 제거한다는 의미와 평안한 생활을 국가 또는 사회가 보장한다는 뜻으로 이해되기도 하며, 다른 한편으로는 질병이나 분만, 실업, 폐질, 노령 및 사망으로 인한 소득상실·감소 등의 경제적 곤궁에서 유래하는 근심과 불안을 제거하는 사회평화의 의

♣ 2차 산업혁명국가인 독일의 산업화 과정에서 나타난 많은 사회문제들(노동자들의 임금, 건강 등)의 해결을 위한 입법 과정은 다음과 같은 현대적인 사회보장의 원칙을 형성시켰다. 첫째, 사회 안전의 원칙Das Prinzip der sozialen Sicherheit, 둘째 사회정의의 원칙Das Prinzip der sozialen Gerechtigkeit, 셋째 사회 평등의 원칙Das Prinzip des sozialen Gleichgewichts, 넷째 사회 공동체의 원칙Das Prinzip der sozialen Solidaritaet이 그것이다.

미도 포함한다. 근대 이전에 이러한 사회적 불안과 각종 어려움은 가족이나 이웃의 부조를 통하여 해결되었다. 그러나 근대사회에서는 산업화의 진전에 따른 도시화, 핵가족화 등으로 가족적, 지역적 상호부조에 의한 해결이 어려워졌다. 그리하여 생활보호제도로서 사회보장이 성립하게 된 것이다. 역사적인 측면에서 사회보장은 전 산업사회에서도 미약하게나마 존재했다. 가족 내에서의 부모·자식·친척 간에 이루어지는 세대 간의 계약, 또는 종교기관에서 행해지는 상호부조도 같은 의미를 부여할 수 있을 것이다. 이미 많이 알려진 것처럼 산업화로 인한 빈민층의 확대는 구빈법의 등장을 초래하였고, 그것은 현대적 의미의 공공부조와는 달리 피구휼자의 권리가 아니라, 전적으로 자선과 시혜이며, 노동빈민의 멸시와 가혹한 처우를 배경으로 한다. 그러나 그것이 사회보장의 맹아로서 작용하였음은 부인할 수 없다.

개혁의 측면에서 사회보장

일찍이 산업혁명을 경험하였던 영국은 이미 안정된 토대 위에서 자본가와 노동자 간의 타협으로 사회보장을 위한 다양한 관점들이 존재하였다. 하나는 보수주의 측면에서 19세기 사회의 중요한 흐름 중의 하나로, 부르조아 세력 내부에서 자본주의의 점진적 개혁을 요구하는 흐름이 나타났다. 이 세력은 비록 자본주의체제 자체는 인정하지만, 그 문제점 역시 심각하게 받아들였고 인도주의적 견지에서 자본주의로 인한 문제점을 해결하기 위해 자본주의의 점진적 개혁을 요구하였다. 다른 하나는 진보주의적인 측면에서 이러한 개혁적 세력 중 가장 대표적인 단체인 페이비안 협회Fabian Society는 혁명으로서 노동자들의 권익이 보장된다는 마르크스 이론과 달리 자본가들과 타협을 통하여 사회주의 국가를 건설할 수 있다는 신념을 가지고 있었다. 그래서 페이비언주의Fabianism⚑는 점진적 개혁주의 혹은 개량적 온건 사회주의라는 의미로 사용하였다.

발전국가의 등장

19세기 후반에는 제2차 산업혁명이 발생하였으며, 독일, 일본 등은 국가 주도하에서 급속한 산업화를 추진하였다. 당시 영국이나 프랑스 등 산업화와 자본주의화가 발전된 국가들은 발전을 이루는 과정에 2백년 가까운 시일이 필요했다. 그러나 후발 산업국가인 독일이나 일본 등은 짧은 시기에 선발 산업국가들의 오류를 극복하면서 국가의 체계적 관리하에 사회적 자원을 효율적으로 발전시키는 데 성공했다.

그런데 국가 주도하의 급속한 발전을 이루기 위해서는 노동계급과 자본가 간의 협력적 관계가 특히 중요했는데, 국가는 노동계급과 자본가 간의 갈등의 타협점을 모색하고 양 계급에 이 타협점을 수용할 것을 강제하였다. 즉, 국가가 사회의 주요 계급 간의 이해관계 조정에 적극 개입

⚑ 어원적으로는 로마 장군 파비우스Fabius가 장기적이고 끈질긴 전술로 한니발에게 승리한 사건에서 유래한다. 마르크스주의 주장인 혁명을 통한 사회주의 실현은 점진적인 사회변혁으로도 현실화할 수 있다는 점진적 사회주의 이데올로기로 1884년에 영국에서 처음 시작되었다.

하면서 산업자본주의화 과정에 주도적 역할을 하였는데, 오늘날 이러한 국가를 발전국가라 부른다. 발전국가에서는 자본가계급의 양보와 노동계급의 이익 보장을 위한 국가의 강제 조정이 국가의 주요 역할 중 하나인데 노동계급을 위한 각종 복지정책이 이러한 차원에서 나타난 것이다. 그것으로부터 탄생한 것이 사회보장제도이다. 이 시기에 형성된 주요 사회보장제도들은 다음과 같다.

- 1883년 독일 질병보험제도 - 우리나라의 국민건강보험제도
- 1884년 독일 노동자보상보험제도 - 산업재해보험제도
- 1887년 독일 폐질보험제도 - 국민연금보험제도
- 1911년 영국 국민보험제도 - 고용보험제도

앞에서 살펴본 바와 같이 19세기 후반에 자본주의 질서와 자본가의 이익을 제한하는 대신 노동자의 권익을 확대하는 여러 가지 제도들이 등장했다. 이것은 공통적으로 일반 노동자의 지속적인 노동활동과 소득보장에 관련된 사회보장제도이다.

사회복지의 완성기

사회복지의 완성기는 넓게는 20세기 초부터 좁게는 제2차 세계대전 종전 후부터 1970년대 오일쇼크가 발생한 시기까지이다. 세계경제의 호황으로 사회복지 분야

에 대한 국가들의 대규모 투자가 이루어지고, 19세기 후반부터 등장하기 시작한 사회보험방식의 사회보장제도들은 20세기에 접어들면서 양적으로는 팽창했지만, 동일한 제도가 지역과 사업장에 따라 서로 다른 기준으로 운영되는 등 여러 가지 문제들을 안고 있었다. 그러나 대공황과 양차 세계대전을 겪으면서 각 국가들은 국민들의 사회적 삶을 체계적으로 관리, 보호할 필요성을 더욱 느끼게 되었다. 즉, 세계대전과 경제공황 등을 겪으면서 현대사회의 위험과 문제는 개인적 차원이 아니라 사회적인 차원에서 대처해야 한다는 필요성을 재인식하게 된 것이다.

그러한 인식의 결과물이 1935년 제정된 미국의 사회보장법Social Security Act과 1941년 만들어진 영국의 베버리지 보고서Beveridge Report라 할 수 있다. 특히 베버리지 보고서에서는 기존의 산만하던 사회보험들을 하나의 통일된 체계로 통합하고 자영업자까지 포함하는 포괄적 사회보험을 제안하였는데, 이러한 제안은 거의 대부분 수용되어 1948년 확대 국민부조법으로 제정되었다. 베버리지 보고서는 일반사회구성원이 삶을 영위하는 과정에서 거치거나 필요로 하는 경험 및 서비스를 국가와 사회가 관리해야 한다는 철학을 담고 있다. 따라서 출산, 양육, 교육, 의료, 취업, 실업, 재해, 퇴직 및 노후생활, 가족생활, 주택 등 사회구성원들이 영위하는 사회생활의 대부분의 영역이 사회복지의 영역으로 포함되게 되었는데, 여기서 '요람에서 무덤까지'라는 말이 탄생하였다.

이러한 영국 사회복지의 모델은 현대 사회복지의 기본모델로 확립되었고 이후 세계 각국으로 파급되어 정착되기에 이르렀다. 그러나 사회복지의 이데올로기적인 접근은 사회보장을 자본주의적 체제와 사회주의적 체제로 분리하고 있었다. 그것은 국민들의 생존권에 대한 보장을 사회보험을 주축으로 하는 보장체계와 사보험을 주축으로 하는 보장체계로 구분된다. 그럼에도 불구하고 복지국가를 추구하기 위한 현대 사회복지의 근간을 이루는 것이 사회보장제도이며, 그것은 사회보험으로서 실업보험, 의료보험, 산재보험, 노령연금보험 등의 4대 보험제도와 공공부조제도로 구성된다는 것에 이의를 제기하는 사람은 없을 것이다. 사회보험이라고 하는 이유는 사보험과 마찬가지로 기여금(보험료)을 통해 운영재원을 마련하고 미래의 위험에 대해 공동으로 부담한다는 사보험의 기본 원리를 채택하고 있기 때문이다.

이러한 사회보장 체계의 구체화가 사회복지의 완성이라 할 수 있다. 양차 대전으로 인해 전세계가 전후 복구사업을 진행하면서 세계경제는 급격히 성장하였다. 그것은 인간의 생존권 보장을 위한 제도화의 기틀들을 체계화하고 실현, 완성시키기에 충분한 밑거름으로 작용하였다. 그러나 1970년대의 오일쇼크는 사회복지의 물적 토대를 붕괴시켰다.

사회복지의 변화기

이미 앞에서도 언급한 것처럼 20세기 중반 사회복지는 양적, 질적으로 발전하면서 체계적인 틀을 갖추게 되었다. 흔히 이러한 체계적인 사회복지 틀을 갖춘 국가를 '복지국가' 라고 부른다. 그러나 1970년대에 들어서서 사회경제적 상황이 변화하면서 기존 복지국가의 틀은 도전을 받게 되었고, 기존 사회복지체계도 변화를 모색하게 되었다. 이는 주로 유럽의 사회민주주의 국가에 국한된 현상으로서 일반화하는 데는 무리가 있지만, 20세기 중반 사회복지의 지속적인 팽창이 복지지출의 확대로 연결되면서 정부재정에 과도한 부담으로 작용하였다. 이러한 위기는 1970년대에 이르러 세계경제의 장기불황과 겹쳐지면서, 사회복지 재정확보가 어려워지고 복지에 투입되는 자원의 정당성을 약화시켰다. 그동안 이데올로기적으로 사회복지의 토대로 작용하던 사회민주주의는 복지국가의 비대해진 관료기구의 관료주의와 비효율성으로 비판의 대상이 되면서 복지국가의 이데올로기의 이론적 토대가 미국과 영국을 중심으로 전개되었다. 1980년대 세계화globalization에 따른 국가의 자본통제력 약화 등의 문제도 전통적 사회복지체계의 변화를 촉진하였다. 그것은 미국의 레이거노믹스Reaganomics와 영국의 대처리즘Thatcherism과 같이 최소정부를 지향하며 시장경제를 중시하는 신자유주의 이데올로기 측면에서 복지국가에 대해 비판적이었다.

이상과 같은 요인들은 사회복지 체계의 변화를 가져왔는데, 이러한 변화는 소극적 복지에서 적극적 복지로의 전환, 제3의 길 등으로 나타났다. 복지영역에서는 민간역할 확대와 정부역할 축소, 가족과 개인의 책임 및 자조의 강조, 복지대상자의 선별주의 원칙에 대한 강조 등이 전지구적으로 실행되고 있다.

한국의 사회복지의 역사

한국사회에서 복지에 대한 관심은 더욱 증가하였다. 특히 사회의 민주화는 그동안의 경제성장의 결과물에 대한 사고의 전환을 가져왔다. 이러한 전환은 가족 중심으로 이루어졌던 복지의 형태로부터 국가적 차원의 사회복지에 대한 관심으로 변화하고 있다.

한국사회에서 사회복지의 역사는 그리 길지 않다. 어원적인 측면에서 복지라는 용어의 등장은 정부조직 측면에서 접근해볼 수 있다. 〈표 4〉에서 보는 것처럼 보건분야에서 다루어졌던 복지가 1990년대 들어 국민의

표 4_복지 관장부서의 변화

	시기	주관부서	내용
일제강점기	1912	내무부 지방국 지방2과	
	1917	지방국 → 내무국	
	1921	내무국2과	
	1936	내무국 사회과	
미군정기	1945	보건후생부	
	1946. 9. 14	보건후생부	부녀국 신설
	1946. 9. 18	보건후생부	아동보호법규
	1947. 5. 16	보건후생부	미성년자노동보호법
대한민국 정부 수립	1949. 7. 25	보건부	비서실, 의정국, 방역국, 약정국
	1955. 2. 7	보건사회부	6국 22과
	1960년대	보건사회부	사회복지행정의 출발
	1970년대	보건사회부	공공부조보다 사회보험행정을 중심으로 전개
	1980년대	보건사회부	특수계층에 대한 사회복지서비스 강화
	1990년대	보건복지부	1994. 12. 23. 사회복지의 체계화, 국민의 정부 생산적 복지
	2000년대	보건복지부	참여정부의 참여복지

정부에서 보건복지가 함께하면서 사회복지의 중요성이 대두하였다고 볼 수 있다.

그것은 짧은 역사 속에서 독일과 같이 하향식으로 사회복지제도가 형성되는 데 기여하였다. 한국의 사회복지제도는 대부분 독일제도를 토대로 구성된 일본제도를 모범으로 하여 도입된 것이라 할 수 있다. 사회복지에 관련된 법제정의 측면에서 본다면 더욱 그럴 것이다. 여기서는 세 부분으로 나누어 해방 전후에서 1950년대까지, 1960년대 이후, 1990년 이후로 분석할 것이다.

해방 전후의 사회복지

이 시기는 일제시대와 미군정기로 구별될 수 있다. 이 시기의 사회복지는 매우 소극적이고 통제와 감시를 위한 수단으로 존재하였다. 사회복지에 관련된 법으로서 1929년에 만들어진 "조선구호령"♣은 모든 다른 분야에서와 마찬가지로 해방 이후 장기간 동안 우리 사회에 존재하였다. 실질적으로 일본의 사회복지정책은 선진적인 측면을 가지고 있었지만, 그 법의 제정은 내선일체라는 구호와는 달리 일본인만을 위한 것이며, 한국인에게는 단지 식민지 정책의 일부로서 시혜적인 측면을 부각시키려고만 하였다.

미군정 하에서의 사회복지는 구호법규, 아동노동법규, 미성년자노동보호법 등 시대적 환경에 임시변통적으로 대응하는 정책이 주를 이루면서, 해방 이후 빈곤과 사회적 혼란에 대처하기 위한 구호적, 응급적인 성격이 강하게 나타났다. 미군정시기의 사회복지도 일제시대와 마찬가지로 시혜적이며, 국민을 감시하고 통제하기 위한 수단의 성격이 강했으며, 한국인의 복지증진을 위한 창의적인 정책이나 입법은 아니었다고 할 수 있다.

미군정이 물러나고 남한 단독정부 수립 이후 제헌의회에서는 제한적인 의미지만 헌법에 "노령, 질병 기타 근로능력의 상실로 인하여 생활유지의 능력이 없는 자는 국가의 보호를 받는다"라는 생존권을 규정하였다. 한국전쟁 이후 극도의 식량난과 경제적 고통 속에서, 수많은 전쟁이

♣조선구호령은 해방 이후 1961년이 되서야 형식적인 측면에서 생활보호법으로 변화되었으며, 1999년에는 국민기초생활보장법이 제정되었다.

재민과 과부, 고아, 부상 장애자들이 발생하면서 새로운 의미에서 사회복지, 외국원조 중심의 사회사업이 실행되었다. 원조중심의 사회사업은 그 시기의 한국경제의 많은 부분을 차지하였다. 또한 전쟁의 후유증에 대한 치유책으로 1950년 4월 군사원호법, 1951년에는 경찰원호법이 제정되었다. 이 시기 사회사업의 역할은 전후 사회적 혼란의 종결을 위해 노력하고 원조물자에 의한 자립 경제 토대 확립과 빈곤을 해결하는 것이었다.

1960년대 이후 제2공화국의 무능과 사회적 혼란은 1961년 군부 쿠테타로 이어졌으며, 1963년 군사정권이 등장하였다. 군사정권은 정당성을 확보하기 위하여 한편으로는 외국자본 도입에 의한 경제개발과 산업화를 추진하였으며, 다른 한편으로는 사회복지에 관한 법들의 제정을 통하여 국민에게 다가가려고 하였다. 그러나 왜곡된 산업화는 각종 사회문제(서울을 중심으로 한 대도시 인구집중, 가족형태 붕괴, 도시빈민 발생, 급속한 사회적 변화로 인한 가치갈등 등)을 발생시켰다.

사회복지와 관련한 법제정의 측면에서 헌법에 국가의 사회보장에 대한 노력과 책임을 명시한 적극적 의미에서 생존권을 규정하였으며, 공무원연금법(1960), 갱생보호법(1961), 군사원호보상법(1961, 1950년에 제정된 군사원호법과 경찰원호법의 통합, 원호처 발족), 윤락행위방지법

(1961), 생활보호법(1961), 아동복지법(1961), 선원보험법(1962, 사문화됨), 재해구호법(1962), 국가유공자 특별원호법(1962), 군인연금법(1963), 산업재해보상법(1963), 의료보험법(1963) 등이 제정되었다. 그러나 군사정부의 사회복지에 대한 진정성의 결핍은 복지국가의 이념 또는 사회보장 권리에 대한 일반 국민의 이해부족과 사회복지정책 실천을 위한 경제적 능력 부족으로 이어지면서 현실과는 유리된 법들로 존재하였다.

1960년대와 1970년대는 사회복지 관련법들이 집중적으로 제정되었는데, 군사정부 초기의 공공부조 중심에서, 유신체제에서는 사회보험법 위주로 변화하였다. 1960년대 쿠테타로 집권한 군사정부는 또 다시 1970년대 유신체제의 일인 장기집권화로 인한 정통성 상실에 대한 정치적, 사회적인 노력의 일환으로 사회복지사업법(1970), 사립학교교원연금법(1973), 개정의료보험법(1963년에 제정된 법의 구체화, 1977년 500인 이상 사업장 가입 의무화), 국민복지연금법(1973), 의료보호법(1977), 공무원 및 사립학교교직원 의료보험법(1977)과 같은 사회복지입법을 추구하였던 것이다.

1980년대는 1960년대 군사쿠테타가 재현되어 정치적 정통성 시비로 사회적 갈등이 심화되었으며, 군사정권 주체들은 그것의 해결 방법을 복지사회 구현에서 찾았다. 그래서 헌법에 국가는 사회보장, 사회복지의 증진에 노력할 의무를 져야 한다는 생존권에 대한 규정을 강화하면서 한편으로는 소득보장, 의료보장뿐만 아니라 사회복지서비스 급여의 필요성을 강조하고, 다른 한편으로는 수면 아래 잠겨 있던 산업화, 도시화의 폐단, 장애인문제, 핵가족문제, 노인인구의 증가 등 각종 사회문제의 해결을 추구하게 되었다.

1990년대 이후 1990년대에는 1993년 문민정부의 등장으로 군사독재정권이 종식되었지만, 또 다른 문제들이 발생했다. 과거청산이라는 과제는 사회적 기강의 해이와 IMF 경제난으로 이어지면서 구조조정, 실업자, 노숙자 양산, 가정 파괴 등 사회적 문제들이 발생하였다. 그런 현상들을 극복하기 위하여 1998년 국민의 정부 등장과 더불어 사회복지에 대한 관심이 증가하게 되었다. 이 시기에는 여성의 권익 신장과 가정의 평화 실현을 위한 영유아보육법(1991), 성폭력범죄의 처벌 및 피해자 보호 등에 관한 법률 제정(1994), 가정폭력방지 및 피해자 보호 등에 관한 법률(1997)을 비롯하여 청소년기본법(1991), 사내근로복지기금법(1991), 사회복지사업법개정(사회복지행정의 전문성을 높이기 위해 사회복지전담공무원, 사회복지전담기구를 설치할 수 있도록 하는 규정), 고용보험법(1993년 제정, 1995년 시행), 국민연금보험 확대 실시(1995, 농어민, 농어촌 자영업자), 사회보장기본법(1995) 등이 제정되면서 한국 사회복지법의 내실화를 위한 시대라 할 수 있다.

통합의료보험법으로 국민건강보험법(1999)과 공공부조법으로 국민기초생활보장법(1999)을 제정하여 한편으로는 새로운 사회문제로 등장하고 있는 노인문제에 대비하면서, 다른 한편으로 복지국가 건설에 박차를 가하였다. 한국사회에서 노인문제는 새로운 화두로 던져졌다. 세계에서 유래를 찾아볼 수 없는 사회의 급격한 노령화는 정치, 경제, 사회, 문화 전반에 걸쳐 부정적인 영향을 미칠 수 있다. 특히 경제적인 측면에서의 부담은 사회의 유지와 존속 가능성에까지 생각을 미치게 한다.

... Part 3

사회복지의
방법론적 접근 I

사회복지의 이상은 우리들이 살고 있는 현실 속에서 잘 실현되어야 한다. 그것을 위하여 이 장에서는 사회복지 이론과 더불어 그 구체적 접근인 각론으로서 사회복지 방법론을 다루고 있다. 이는 사회복지의 이상적 목표를 현실 사회에 구현하는 과정에서 요구되는 각 분야에서의 이론과 기술을 말한다. 즉 사회복지의 이상적 목표가 제대로 구현되기 위해서는 우선 사회구성원들이 구체적으로 어떤 복지욕구를 가지고 있는가를 조사할 수 있어야 하며, 이를 구체적인 정책목표로 전환해야 하고 정책목표를 전달하기 위한 행정조직을 갖추어야 하며 클라이언트의 문제를 파악하여 적절한 복지서비스를 제공하기 위한 기술 등이 필요한데 이러한 제 요소들을 총칭하여 사회복지 방법론이라고 한다. 즉 사회복지의 이상과 현실 간의 조화를 위한 구체적인 작업을 말한다.

이 장에서는 사회복지 각론 중에서도 이론적 근간을 구성하는 분야로서 사회복지실천론, 사회복지실천기술론, 사회복지정책론, 사회복지행정론, 사회복지조사론에 대하여 기본적인 개념과 의미를 살펴보게 될 것이다.

사회복지실천론

사회복지실천이란 사회복지학이 응용과학임을 보여주는 대표적인 분야로서, 사회복지의 제도적 측면과는 달리 개인, 가족 및 집단의 사회적 기능 향상을 위한 복지전문가의 전문적 개입활동을 의미한다. 즉, 사회복지사가 심리적, 경제적, 사회적 부적응 상태의 사람들을 위하여 복지에 관련된 제반 제도 및 지식, 기술 등을 동원하여 그들의 부적응 상태를 해소하는 행위를 사회복지실천이라 할 수 있다.

사회복지사는 구체적으로 클라이언트를 위한 사회복지실천을 위해서는 그 자체의 가치, 원칙, 기술을 전문적으로 적용시킬 수 있어야 할 뿐 아니라 인간발달 및 행동에 관한 지식, 사회적 · 경제적 · 문화적 제도에 관한 지식 등을 활용할 수 있어야 한다. 또한 사회복지사가 클라이언트의 문제와 욕구를 적절히 파악하고 클라이언트와 성공적인 관계를 맺으며 클라이언트에게 적절한 보호조치를 취할 수 있는 심리학, 사회학, 의학 등의 제반 지식과 기술을 숙지하고 있어야만 성공적인 사회복지실천이 가능할 수 있다.

사회복지실천기술론 사회복지실천이 클라이언트의 문제해결을 위한 사회복지전문가의 개입활동이라고 한다면, 사회복지실천기술이란 사회복지가 추구하는 가치와 목표에 입각하여 전문적인 지식과 방법을 클라이언트에게 전달하는 사회복지전문가의 기술과 능력, 개입활동 과정에 사용되는 기술을 의미한다.

사회복지실천에 사용되는 기술은 매우 다양하며 상황에 따라 유동적이다. 가장 일반적으로 사용되는 기술로는 면접interview기술이 있다. 면접이란 면접자와 클라이언트 간의 단순한 대화 이상의 의미를 갖는 것으로서 목적에 따라 크게 정보수집을 위한 면접과 치료를 위한 면접으로 구분되는데, 관찰, 경청, 질문, 초점, 안내, 해석, 분위기 조성 등의 요소로 구성된다.

사회복지실천기술은 사회복지분야에서 성공적인 사회복지서비스 전달을 위해 매우 중요한 분야이다. 왜냐하면 사회복지실천기술은 사회복지실천이 인간과 그 인간을 둘러싼 사회적, 문화적 환경에 관련되는 것이라는 점에서 기계적 조작기술이 아닌 상황적이며 유기적인 대인기술이기 때문이다.

사회복지정책론

사회정책은 사회문제를 해결하기 위한 방안의 제도화를 의미하며, 사회복지의 토대를 이

루고 있다. 사회복지정책은 일반 사회정책과는 달리 정책 대상이 구체적이며, 개인이나 집단이 인간다운 생활을 영위하는 데 필요한 사회적 관계의 노선과 사회복지서비스의 확충 및 자원의 형평적 배분에 영향을 주고자 마련된 원리 또는 행동노선으로 상대적으로 다른 정책보다 국가 개입의 정도가 크다 할 수 있다. 사회복지정책이 수립되기 위해서는 사회적으로 공론화된 이슈가 요구되며, 공론화 과정에서 문제해결을 위한 아젠다가 형성되며, 사회복지정책 대안으로 제시된다.

사회복지행정론

사회복지행정론에서는 사회복지정책을 사회복지서비스로 구현하는 실천적 조직행위, 즉

사회복지의 목적과 목표에 대한 이해 및 이를 효율적으로 달성하기 위한 인적·물적 자원의 동원과 관리방법, 국가적 복지행정망과 기관·시설을 포함하는 조직, 사회복지행정가나 사회복지전문요원과 같은 전문 복지행정인력, 사회복지실천 프로그램을 개발·관리·시행하는 전문가의 활동 등을 다루고 있다. 그러므로 바람직한 사회복지행정은 효율성

efficiency, 효과성effectiveness, 공평성equity, 접근성accessibility의 요건들을 강조하게 된다.

사회복지행정은 그 시행 주체에 따라 크게 공공사회복지행정과 민간사회복지행정으로 구분된다. 공공사회복지행정은 중앙정부, 지방자치단체, 기타 공공조직에 의해 수행되는 것으로 운영재원은 원칙적으로 국민조세로부터 충당된다. 공공사회복지행정은 사회안전망 구축의 기초로서 현대 복지국가 형성의 근간을 이룬다. 민간사회복지행정은 사회복지사업법에 의해 설립된 법인이나 사회복지시설에 의해 운영되는 형태이며, 그 재정은 자체조달, 국가보조, 기부금 등 다양한 형태로 조달된다.

사회복지행정조직에 소속된 사회복지행정인력은 복지서비스를 효과적·효율적으로 전달하는 전문인을 말한다. 복지행정인력에는 다양한 전문가, 준전문가, 보조전문가, 행정 및 사무요원, 자원봉사자 등이 포함된다.

사회복지조사론

급격히 변화하고 있는 현대사회에서 대중들의 사회적 욕구와 욕망은 법, 제도보다 훨씬 빠르게 변화한다. 이러한 사회적 욕구에 대한 과학적인 인식의 분석적 토대가 사회조사이며, 특히 복지분야에서 이루어지는 것이 사회복지조사이다. 사회복지조사란 과학적 방법을 사용하여 사회복지를 통해 대처하고자 하는 여러 사회문제들의 현황과 원인, 해결방안을 찾기 위해 체계적으로 행해진다. 이를 토대로 사회복지의 개념이 일반화되어 적용·응용되기도 한다. 그것을 위하여 다양한 방법들이 시도될 수 있는데, 그 중에서도 질문지법questionnaire method, 관찰법observation method, 면접법interview method 등이 사회복지조사뿐만 아니라 사회조사에서도 가장 대표적으로 사용되는 조사방법들이다.

사회복지조사는 사회적 문제에 대한 현실을 파악하기 위한 조사, 문제에 대한 원인 및 해결책을 파악하기 위한 조사 그리고 복지대책의 적용과 검증을 위한 조사 등을 의미한다.

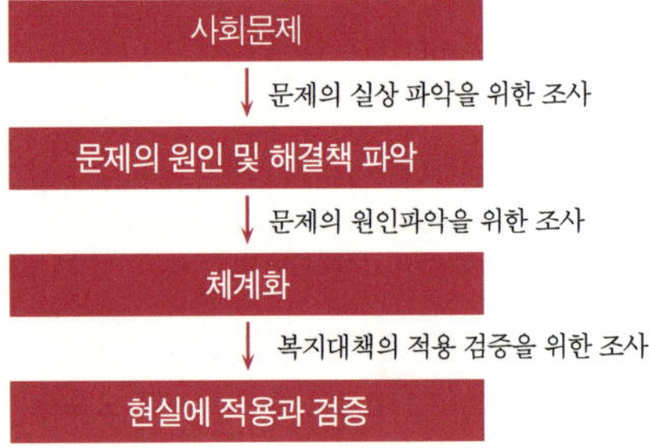

사회복지의 방법론적 접근 II

■ ■ ■

　이 장에서는 사회복지의 각 분야에 대한 복지적 현상과 사실에 대한 소개를 다루게 될 것이다. 사회의 발전에 따라 사회복지의 분야도 매우 복잡해지는 경향이 있다. 예전에는 중요하게 여겨지지 않았던 분야들이 매우 중요한 분야로서 나타나고, 새로운 사회문제의 발생은 그 해결을 위해 복지적 접근을 요구한다.

　이 장에서는 현대사회에서 중요한 현상에 대한 구체적 실천분야로서 장애인복지, 아동복지, 청소년복지, 여성복지, 노인복지, 가족복지, 노동복지, 지역사회복지, 교정복지, 의료복지에 관한 간단한 소개와 내용들을 다루게 될 것이다.

장애인복지

장애인복지란 국가나 사회가 사회구성원이 심신의 결함으로 인하여 가정생활, 사회생활에 곤란을 느끼는 것을 제거하고, 제도 개선과 각종 재활을 통하여 사회적 생활이 보장되고 심리적으로 안정된 삶을 영위하도록 원조하는 제도적 · 정책적 서비스의 조직적 활동으로서, 단순히 장애인에 대한 치료, 재활만을 의미하지 않는다. 이와 더불어 장애인에게 불편 · 불리하게 되어 있는 사회제도 및 구조를 개선하는 것도 장애인복지의 중요한 측면이다.

단순화하여 말하자면, 치료, 재활에 초점을 둔 장애인복지가 장애인을 변화시키려는 것이라면 제도 및 구조변화(평등과 참여의 측면에서 사회통합, 격리의 측면에서 주류화mainstreaming, 차별의 측면에서 정상화normalization, 수용이 아닌 인간적인 삶으로서 탈시설화deinstitutionalization)에 초점을 두는 장애인복지는 사회 자체를 장애인에 적합하도록 개조하는 것이라 할 수 있다.

아동 · 청소년복지

아동복지법에 의하면 아동은 18세 미만인 자로 규정하고 있으며, 청소년기본법에서는 9세 이상 24세 이하의 자로 규정하고 있다. 아동, 청소년과 연관된 대부분의 법에서 연령 규정은 중첩되며 정확한 차이나 구별의 기준이 애매하다는 측면에서 여기서는 아동과 청소년을 하나로 묶어서 소개한다.

아동복지란 아동들이 평안히 잘 지낼 수 있도록 다양한 서비스를 제공하는 사회복지서비스를 의미하는 것으로서, 아동의 심리적인 면과 아동이 속해 있는 사회조건과의 관계 속에서 아동문제에 대한 가능한 해법을 찾아 이들에게 도움을 준다.

이러한 개념에서 알 수 있는 것은 아동복지는 기존의 좁은 의미에서의 장애아동과 같은 특수아동에 국한되는 것은 아니라는 점이다. 즉, 현대 복지국가에서의 아동복지란 적극적이고 긍정적인 측면에서 특수아동은 물론 모든 아동들이 가족 및 사회의 일원으로서 건전하게 성장할 수 있도록 지역사회나 사회복지분야의 각 기관들이 협력하여 사업을 계획하고 실행에 옮기는 조직적이고 체계적인 활동인 것이다.

청소년 복지에 있어서 중심이 되는 법으로 청소년기본법, 청소년보호법이 있다. 이 중에서 청소년기본법의 규정에 의해 2004년에 제정된 청소년복지지원법에 의하면 청소년복지란 "청소년이 정상적인 삶을 영위할 수 있는 기본적인 여건을 조성하고 조화롭게 성장 · 발달할 수 있도록 제공되는 사회적 · 경제적지원"을 말한다.

그러므로 청소년복지의 목표는 청소년의 모든 권리를 존중하며 육체적 성장과 인격형성 및 올바른 가치관을 정립하는 데 필요한 올바른 교육의 실현과 환경을 조성하기 위한 것이라 할 수 있다.

가족복지

가족복지의 목표는 건강한 가족을 만드는 것이며, 그것을 통하여 사회의 건전성을 확보하고자 한다. 가족의 중요성이 강조된다는 사실은 현대 산업사회에서 급속하게 가족이 해체되고 붕괴되고 있다는 것을 증명하고 있다. 한국사회에서 그 원인을 분석하여 해결하려는 노력의 결과물이 가족복지이다. 그러므로 가족복지란 가족구성원이 사회성원으로서 역할수행을 할 수 있도록 지원하며, 가족생활을 보호하고 강화하는 정책적, 실천적 행위(가족에 대한 직접적 개입, 가족에 대한 수발, 가정생활교육, 가족보존과 옹호 등)을 말한다.✿

현재 한국의 가족복지정책에는 배우자 공제, 맞벌이 부부 특별공제, 부녀자 세대주 공제, 여성경로우대공제 등의 세제정책과 저소득가정, 한부모가정, 소년소녀 가장, 영·유아보육 등에 관한 정책이 있다. 하지만, 이와 같은 가족과 관련된 정책과 프로그램, 서비스가 체계적으로 연계

✿ 오늘날 한국사회에는 미혼모 가족, 사실혼 가족, 동성애 부부 가족, 독신자 가족 등 다양한 형태의 대안가족들이 존재한다. 가족복지의 측면에서 그러한 형태의 가족들은 (나라마다 상황은 다르겠지만) 법적으로 인정받지 못하는 경우가 많이 있으며, 그러한 이유로 수많은 가족들은 가족복지 대상에서 제외된다. 만일 가족복지제도가 잘 완비되어 있더라도, 가족형태에 의하여 복지혜택이 제한적이라면 가족복지의 사회적 의미는 한계적일 것이다. 그러므로 한국사회에서 진정한 가족복지 증진을 위해서는 가족복지의 지속적 확충뿐만 아니라 가족형태의 구별짓기와 격리, 차별이 아닌 가족구조의 다양성을 인정하는 똘레랑스tolerance가 요구된다.

되어 있지 못하고, 산재해 있는 실정이다. 그러므로 한국사회의 급격한 가족구조의 붕괴와 가족문제를 해결하기 위한 체계적이고 종합적인 가족정책을 전개하여야 할 것이다.

여성복지

여성복지는 사회의 변화(인구구조, 가족의 형태와 기능, 경제활동여성의 증가 등의 변화)에 따라 필요성이 커지고 있다. 여성복지란 여성의 일상생활상의 장애가 제거되어 경제적, 문화적, 정치적으로 충족한 가정생활 및 사회생활이 보장되도록 하는 것을 궁극적 목표로 하는 제도와 활동을 총칭하는 것으로서, 사회보장과 사회복지서비스 면에서 여성들이 필요로 하는 제도를 만들고 서비스를 제공함으로써 여성들의 사회기능을 증진시키려는 사회복지의 한 분야를 말한다.

이것을 실현하기 위한 관련법들(여성발전기본법, 사회보장기본법, 모·부자복지법, 영·유아보육법, 아동복지법, 모자보건법, 성매매방지 및 피해자보호 등에 관한 법률, 가정폭력범죄의 처벌에 관한 특례법, 성폭력범죄의 처벌 및 피해자보호 등에 관한 법률, 청소년 보호법, 청소년의 성보호에 관한 법률 등)이 여성복지법이다. 이 법들을 근거로 여성복지를 위한 사업들(요보호여성을 위한 복지사업, 상담사업, 보육사업, 여성에 대한 폭력 근절을 위한 사업, 이혼여성을 위한 사업, 노인여성을 위한 사업 등)이 전개되고 있다.

| 노인복지 | 의학기술과 각종 기술의 발전으로 인한 인간 수명의 연장은 현대사회의 가장 큰 특징 중의 |

하나이다. 특히 고령화란 전체인구에서 노인인구의 급속한 증가를 의미하는 것으로, 사회의 부담으로 작용한다. 이를 부담이 아닌 사회의 책임으로 인식하려는 노력이 필요하다.

노인복지란 노인이 인간다운 삶을 영위하면서 자기가 속한 가족과 사회에 적응하고 통합될 수 있도록 필요한 자원과 서비스를 제공하는 데 관련된 조직적 활동이라 할 수 있다. 여기에는 노인복지정책과 그것의 실천적 행위로서 서비스가 있다. 노인들의 삶을 영위하는 데 어려움으로는 일반적으로 소득에 대한 불안과 건강문제가 있다. 그러므로 전자에는 소득보장정책이 있고, 후자에는 보건의료정책이 있다.

노인들을 위한 각종 사업으로는 기관이나 시설 운영을 통한 서비스 제공이 있다. 이것에는 노인주거복지시설서비스, 노인의료복지시설서비스, 노인여가복지시설서비스, 재가노인복지시설서비스가 포함된다. 이들 각종 시설들 간의 차이는 이용하는 노인들의 건강, 생활수준 그리고 경제수준에 의해 규정된다고 볼 수 있으며, 그런 차이를 줄여가는 노력이 노인문제를 줄여가는 노인복지정책의 핵심이 되어야 할 것이다.

| 노동복지 | 산업사회가 고도화되면서 비정규직 노동자, 장애인, 실업 노동자, 이주 노동자 등이 주변 |

화 되면서 취약한 노동자들의 문제가 한국사회에서도 전면적으로 제기

되고 있다. 그에 따른 노동자들의 생활에 대한 안전과 안정은 매우 중요한 항목으로 그것을 해결하려는 노력이 노동복지이다. 노동복지란 국가, 지방자치단체, 기업, 노동조합 등이 주체가 되어 노동자와 그 가족의 생활안정, 생활수준 향상 등을 목적으로 실시하는 모든 조직적 활동의 체계를 말한다. 한편으로는 임금 이외에 노동자의 생활수준 향상을 위해 제공되는 편익증진 추구를 의미하며, 다른 한편으로는 정치, 경제, 사회, 문화 등 모든 분야에서의 노동자의 직간접적인 이해증진 추구를 의미한다.

노동복지는 그 필요성이 노동자에게만 한정되지 않고 기업, 국가에게도 있다. 그러므로 그 종류도 다양한데 첫째 공여, 보조, 규제를 통해 노동자의 복지에 개입하는 국가복지, 둘째 기업의 임의에 따라 고용된 노동자와 그 가족에게만 제공되는 기업복지, 셋째 노동자들의 조직인 노동조합에 의해 자주적으로 행해지는 노동자의 자주복지로 구분할 수 있다. 현대 산업사회에서는 초기 산업사회보다 노동자들의 자주복지의 중요성은 점점 퇴색되어 간다. 반면에 노동복지의 증진을 위한 국가의 역할은 기업에게 노동자들을 위해 투자의 증대를 요구하며 때로는 압력을 가하는 것이다.

지역사회복지

지역사회를 다른 말로 한다면 공동체community로 표현할 수 있을 것이며, 공동의 장소, 이해,

정체성, 문화활동에 기반하고 있는 모임이라 할 수 있다. 그러므로 지역사회복지의 의미는 지역적인 특성과 분권적인 의미에서 접근된 복지를 의미한다. 그런 측면에서 지역사회복지란 지역사회와 그 구성원들의 삶에 대한 개선과 향상을 목적으로 하고 있다. 한국사회에서 지역사회복지실천이 본격화된 시기는 1990년대 들어와 지방자치제가 실시된 이후라 할 수 있다.

지역사회복지는 정치적으로 민주주의, 특히 풀뿌리 민주주의grass-roots democracy와 지방자치제를 토대로 한다. 왜냐하면 그것은 지역사회복지의 전개를 위한 제도적 뒷받침이라 할 수 있으며, 지역주민, 지역사회와 관련된 제반 사항들은 주민주체원칙에 의해 실행되어야 하기 때문이다. 그러므로 지역사회복지는 과거의 중앙정부와 지방정부 그리고 지역사회 간의 종적구조로부터 횡적구조로 전환되고 있다. 그러한 예로서 지역사회에서는 지역사회복지협의체♣를 새롭게 구성하고 있다. 이를 토대로 하여 기존의 사업들의 비연속성과 무책임성을 극복하면서 지역사회의 복지계획을 수립하고, 지역주민의 복지욕구조사 및 복지자원 조사 개발과 그 외의 복지사업 전반에 관한 사항을 실천하고 처리할 수 있을 것이다.

♣2003년 사회복지사업법의 개정을 통하여 지방정부의 역할의 구체화와 권한과 책임이 강화되었다. 이 법에 기초하여 권장사항으로 지역사회 서비스와의 연계를 위하여 지역사회복지협의체가 구성되었으며, 이는 그 지역의 각종기관이 참여하는 광범위한 민관협력체계라 할 수 있다.

교정복지

한국사회에서 현재 교정복지가 사회복지에서 차지하는 위치는 매우 미약하다고 볼 수 있다. 그 이유는 아직도 교정이라고 하면 철학적인 접근보다는 감옥, 육체적·신체적인 처벌, 폭력을 연상하기 때문이다. 그러나 18세기 이후 서구사회에서는 교화의 측면을 강조하면서, 그것을 국가의 의무, 사회복지적인 권리로 간주하였다. 이것이 바로 교정복지의 출발이라 할 수 있다.

교정복지의 의의는 고도의 산업사회 속에서 사회 부적응자의 증가에 대한 처벌 중심적 사고를 지양하고 교화를 통한 사회 적응력의 향상과 치료 그리고 그 가족들을 돌보는 것을 통한 재범방지에 있다고 볼 수 있다. 다시 말하면 처벌 지향적인 교정으로부터 치료와 예방적 교정으로 변화가 요구된다. 이를 위하여 기존의 희생이라든지 봉사라는 의미의 사회복지에 대한 생각으로부터 탈피하여 좀 더 깊은 이해와 전문적 접근이 필요하다.

현실적으로 사회복지사들이 교정분야와 다음에 다루어질 의료분야에서 어떻게 기여할 수 있는가에 대해 분석하고 노력하는 것이 사회복지 발전과 전문성 제고를 위해 새롭게 추구할 수 있는 동력이 될 수 있다.

의료복지

산업의 고도화는 각종 질병의 발생을 야기하면서 건강문제가 새로운 사회문제로 등장하였으며, 그 누구도 그것으로부터 자유로울 수는 없을 것이다. 예를 들어 서구 중세시대에 발생하였던 흑사병은 당시의 유럽인구의 반을 죽음으로 몰아갔지만 이에 대한 사회나 국가의 역할은 존재하지 않았다. 현대사회에서 새로운 흑사병으로 불리고 있는 에이즈AIDS는 장수하고 싶은 현대인들의 건강을 위협하면서 새로운 공포의 대상으로 다가오고 있다. 현대의 국가들은 질병의 확산과 예방을 위해서 정책적으로 접근하고 있다. 의료복지는 사회구성원들의 건강을 위해 그들과 보건전달체계의 관계, 건강을 담당하는 사람들의 행위와 보건의료의 대상이 되는 사람들에 관심을 둔다.

현대사회에서 사회구성원들의 건강한 삶은 자신들의 경제적 능력에 종속되고 있다. 그것은 오늘날 더욱 심화되고 있는 것이 사실이다. 그러므로 사회구성원들의 건강은 이제 개인문제가 아닌 사회문제라는 관점에서 바라보아야 한다. 그들의 건강한 삶을 담보하는 것은 개인적 노력이 아닌 국가적인 책임이 수반되어야 하며, 그런 문제를 정책적이고 조직적으로 해결하는 분야가 의료복지라 할 수 있다.

...Part 4

북한의 사회복지

북한의 현황

우리나라가 남과 북으로 분단된 지 60여 년이 지나갔다. 그러한 단절된 상황은 상호간의 의사소통의 부재로 나타났다. 그러나 1990년대 이후 남과 북 간의 해빙무드가 조성되면서 현재까지 많은 교류가 이루어지고 북한에 관한 소식들도 많이 들려오고 있다. 통계적인 측면에서 북한의 인구는 2001년 현재 2,247만 명으로 남한의 반 정도이며, 평균수명은 남성이 62.9세, 여성이 67.3세 정도로 남한(남성 72.8세, 여성 80.0세)과 비교한다면 많은 차이가

표 5_북한의 경제현황

년도	국민총생산(억달러)	1인당 GNP(달러)
1995	223	1,034
1996	214	989
1997	177	740
1998	126	573
1999	158	714
2003	103	457

있음을 볼 수 있다. 영토는 남한보다 경상북도 면적만큼 더 크다. 경제적인 수준은 〈표 5〉에서 보여주는 것처럼 1999년 기준으로 국민총생산이 남한의 1/26이며, 1인당 GNP는 1/12정도이다.

사회체제의 유형과 사회복지의 성격

북한은 이데올로기적으로 자본주의와 대비되는 사회주의를 토대로 평등을 강조하는 사회이다. 사회주의에 있어서 자유의 의미는 평등과 밀접한 관계를 가지고 있으며, 자유는 불평등의 감소를, 경쟁보다는 협력을, 의리보다는 의무를, 개인의 욕구보다 공동체의 선을, 이기주의보다 이타주의를 강조한다. 그 중에서 사회복지에 관련된 사회주의 원리는 "각자에게 그의 욕구에 따라"와 같이 분배 부분이 강조되고 있음을 볼 수 있다.

사회보장제도

북한에서의 사회복지는 보건의료, 무상교육, 연금, 주택, 의복, 식량 등을 포함하며 남한에서의 복지에 대한 개념보다 더 포괄적이라 할 수 있다. 이를 위한 정책적인 측면에서 사회보장제도(소득보장, 사회보험, 사회복지서비스)가 실행되고 있다. 북한에서 사회보장의 의미는 "국가사업을 수행하다가 완전히, 또는 6개월 이상 노동력을 상실한 노동자들과 혁명과업을 수행하던 도중 사망한 노동자들의 유가족에게 돌아가는 국가적 혜택"을 의미한다. 북한의 헌법 제72조에서는 주민들에 대해 무상으로 치료받을 권리, 노령, 질병, 불구 등으로 인한 노동능력상실자, 무의탁 노인 및 보호자 없는 어린이가 물질적 방조를 받을 권리를, 노동법 제69조~79조에서는 주택보장, 식량의 저가공급, 탁아소, 유치원 설립, 무상의무교육 등이 규정되어 있다. 북한 노동자들의 소득보장에는 국가의 보장에 의한 연금 형태로서 공로자 연금, 연로연금, 노동능력 상실 연금, 유가족 연금 등이 있으며, 사회보험은 노동재해, 질병, 부상 등으로 일시적으로 노동능력을 상실했을 경우 노동자들의 생활을 물질적으로 보장해 주는 제도로서 일시적 보조금, 산전산후 보조금, 장례보조금, 의료보조금 등이 있다. 북한의 전체적인 소득보장체계는 〈표 6〉과 같다.

또 하나의 사회보장제도로서 북한에서의 의료보장정책은 1960년 2월

1987년까지 1인당 사회보장 수혜액이 남한보다 많았으나 1988년부터는 역전되었고, 1992년의 경우 북한의 사회보장 수혜액은 남한의 30% 정도이다.

표 6_북한의 소득보장제도 현황

구분	종별	보장내용
연금제도	공로자연금	월임금 100% 지급
	연로연금	남60세, 여55세 이상자에게 종신지급, 월임금의 60~70% 현금, 현물
	노동능력상실연금	직종별, 질병류에 따라 월임금 23~90% 매월지급
	유가족연금	가족수에 따라 40~90% 매월지급
보조금제도	일시적 보조금	월임금 50~80% 3개월 지급
	산전산후보조금	월임금 90% 지급
	장례보조금	사망자 10세 미만 5원, 10세이상 10원
	의료보조금	무상치료원칙, 사회보장명목으로 월급 1%공제

27일 최고인민회의 7차회의에서 전반적 무상치료의 전 지역 실시를 결정하였으며, 전반적 의료보장은 1980년 4월에 제정된 "인민보건법"에 규정되어 있다. 〈표 7〉에서 볼 수 있는 것처럼 의료보장정책으로 의사, 약사의 수는 남한에 비해 높으나 전반적인 의료수준은 낙후되어 있다.

표 7_남북한 간의 의료수준 현황 비교

구분(인구 일천명 당)	남한	북한
병 · 의원수	2.1	3.3
의 · 약사수	17	25
유아사망율	24	27
임산부사망율	26	41

분야별 사회복지정책

이데올로기적으로 사회주의 사회건설은 사적 소유제와 계급관계, 봉건적 가부장제도 철폐, 성차별 해소와 여성해방을 의미한다. 북한은 1946년 7월 30일 남녀평등권에 관한 법률을 공포하면서, 혼인과 이혼의 자유, 동일노동 동일임금, 재산과 토지의 동등분배권을 규정하고, 일부다처제와 매매결혼, 공창 및 기생제도 등을 금지시켰다.

그러나 1970년대 이후 김일성 세습체제 구축은 가족정책의 후퇴를 예고하면서 공산주의적 여성상을 혁명전사를 길러내고 양육하며 내조하는 여성으로 규정하였다. 이는 김일성 충신 효자 양성을 위한 가정별 교양사업의 강화를 의미한다.

북한에서의 보육정책은 여성정책과 함께 매우 중요한 분야로서 여성의 경제활동 보장, 노동력 증진과 밀접한 관계를 가진다. 이를 위하여 1976년 4월에 "어린이 보육교양법"을 제정하였으며, 어린이들을 혁명의 계승자로 키우기 위하여 생후 1개월부터 만 3세 아동까지를 대상으로 한 탁아소와 만 4세부터 5세까지 아동들을 위한 유치원이 운영되고 있다. 1991년 현재 탁아소 60,000여 개, 유치원 24,000여 개 정도가 운영되고 있다.

노인과 관련된 복지정책은 상대적으로 어린이들에 대한 투자에 비해 소홀한 경향이 있지만, 자식들의 효에 대한 인식이 강하게 존재하며, 〈표 8〉에서 볼 수 있는 것과 같이 부모공양 비율 69%라는 높은 비율이

표 8_북한의 노인부양형태

아들과 동거	딸과 동거	노인부부와 독거노인	양로원 입주
45%	24%	17%	14%

표 9_북한 노동자의 일과

구분	노동자 사무원	학생	내용
출근(등교)	06:50~07:00	08:00~	주부 출근시 유아를 탁아소에 맡김
독보회	07:00~07:30		정기강연회(7:00~09:00) 있는 날은 생략(수목)
작업준비	07:00~08:00		
오전작업(수업)	08:00~12:00	08:00~12:00	주부유아 수유30분
점심	12:00~13:00	12:00~13:00	주부유아 수유30분
오침	13:00~14:00		
오후작업(수업)	14:00~18:00	14:00~16:00	주부유아 수유30분
작업총화	18:00~19:00	16:00~18:00	인민학교학생 오후수업 1시간 인민학교학생 14:00~16:00 노력동원, 군사 훈련 및 조직활동
학습회 및 강평	19:00~20:00		주부 18:00~19:00

이것을 증명한다.

북한의 노동정책은 기본적으로 노동자들의 일일 노동시간을 8시간으로 규정하고 있으며, 일과는 〈표 9〉와 같다.

북한에서는 일반적으로 직업선택은 11년간 의무교육을 마친 후 16세부터 이루어진다. 법적으로 직업선택의 자유가 보장되어 있지만, 주로

표 10_북한에서의 직업과 소득수준

환율은 북한 1원은 560원 정도

구분	직책	임금
당정기관	당정무원부장	300~350원
	정무원부부장, 도인민위원장	250~300원
	군인민위원회위원장	170~200원
공장/기업	특수기업소지배인	250~300원
	1-2급 기업소 지배인	150~200원
노동자/사무원	광부, 제철, 제련공 등 중노동자	90~100원
	일반기계공, 운전 등 경노동자	75~80원
	일반 경노동자	70~80원
	사무원	60~70원
교원	대학교원	200~250원
	일반교원	80원
군장교	장성급	200~400원
	영관급	120~215원
	위관급	84~110원
서비스종사자	여관, 이발소, 식당 등 편의시설종사자	50~60원
	의사	120~250원
	인민배우, 공훈배우	200~250원

당성과 출신성분에 의해 좌우된다. 〈표 10〉은 북한에서의 직업 종류에 따른 소득수준을 비교한 것이다.

소결

이상과 현실 간의 괴리를 극복할 수 있는 토대로서 경제의 역할은 매우 중요하다. 아무리

훌륭한 정강, 정책이라도 경제적 어려움에 처해 있으면 실천의 측면에서 허구에 불과할 것이다. 북한은 사회복지적인 측면에서 이념, 제도, 현실 간의 심각한 모순이 존재한다. 위에서 통계적으로 분석된 자료에 의하면 북한의 사회복지는 정책적으로 매우 이상적이라 할 수 있다. 인간의 기본적 권리로서 생존권을 행사할 수 있는 법적, 정책적 토대가 준비되어 있다는 것이다.

그러나 현실적으로 북한은 이것들을 실천할 수 있는 물적 토대가 매우 빈약하고 허약하다. 이미 많이 알려진 것처럼 북한의 생활수준은 매우 열악하다 못해 인간으로 견디기 어려운 상황에 놓여 있다. 그러므로 북한의 사회복지는 이념적 전환보다는 현실에 있어서 경제발전을 최우선적으로 실천해야 한다.

선진국의 사회복지

역사적 산물로서 복지국가에 대해 보편적 의미를 규정한다는 것은 매우 어렵다. 왜냐하면 인간의 삶의 질의 상승에 비추어서 본다면, 자의적인 측면이 매우 강하기 때문이다. 복지국가의 개념은 1930년대 후반에 알프레드 짐머른Alfred Zimmern이 권력국가에 대비하여 사용한 것이 처음이며, 1941년에 영국 켄터베리 대주교를 지냈던 윌리엄 템플William Temple이 나치의 전쟁국가와 대조시켜 영국의 국가이념을 복지국가라고 부르면서부터 일반화되었다고 한다(심연수, 1998).

1970년대 오일쇼크는 선진국들의 경제에도 커다란 영향을 주었다. 경제 불황은 제2차 세계대전 이후 지속적으로 증가추세에 있던 복지국가에 대한 새로운 논리적 접근의 기회를 부여하였다. 그 중 하나가 복지국가 위기론 또는 복지국가 쇠퇴론♣이라는 화두였다. 또한 분배에 대한 재해석과 같은 복지에 대한 새로운 인식과 이론의 불을 지피기도 하였다. 복지국가들의 유형에 대한 분류는 그 방법에 따라 다양하게 존재하지만, 여기서는 원론적인 측면에서 잔여적 국가와 제도적 복지국가에 속하는 나라들에 대하여 살펴볼 것이다.

잔여적 · 선택적 복지국가

일반적으로 잔여적 복지국가에서는 국민의 삶의 질에 대한 결정은 국가보다도 개인의 능력에 종속되어 있다. 그러므로 복지의 평등적 의미보다는 본인의 삶에 대한 질적 선택을 강조하면서 한편으로 인간의 기본적인 생활수준에 대한 유지를 위해 최소한의 국가적 개입을 이야기한다.

♣ 국가를 통한 개인에 대한 복지의 증진은 경제적 상황에 매우 의존적이다. 즉 많은 선진국에서 경제적 악화가 복지의 축소 또는 위기와 연결되고 있다. 그러나 독일과 일본은 오히려 국가적 개입으로 고령 사회에 대비하는 제5의 보험을 운영하고 있다. 이것은 경제적 상황과 국가의 복지개입이 반드시 연결된다는 사실과는 배치된다.

미국

미국은 영국 이주민에 의해 건설된 국가이기에 초기에는 영국식 관습, 청교도적인 사고로 노동을 신성시하여 빈곤자들의 구제에 대해서는 인색하였으며, 게으름은 죄악으로 간주되었다. 그러나 남북전쟁 이후 미국의 급속한 경제적 팽창은 빈곤문제, 지역주의 팽배, 양극화와 같은 많은 문제들을 발생시켰다. 특히 1929년 대공황으로 실업자와 빈민이 증가하면서 루즈벨트 대통령은 사회보장법(1935년)을 선포하였으며, 공적부조와 사회보험의 제도화를 통하여 사회복지에 대한 책임을 연방정부에 부과하였다.

사회보험 | 미국에서 사회보험의 대표적인 프로그램으로 노령, 유족 그리고 장애인을 대상으로 한 OASDI Old-age Survivor and Disabled Insurance가 있다. 노령, 유족을 대상으로 한 경우, 자격요건은 정해진 기간 동안 적용되는 직종에 고용되어 있어야 한다. 장애인을 대상으로 한 경우에는 연방정부와 주정부가 공동운영하는 중증장애인을 위한 장애보험제도와 보충적 소득보장제도가 있다.

다음으로 중요한 사회보험은 건강보험 Medicare과 실업보험이 있다. 건강보험에는 강제성이 있으며, 세금으로 운영되는 병원보험과 가입이 자유로운 보충적 의료보험으로 구성되어 있다. 실업보험은 국고지원금과 주정부의 징수권에 의한 세금으로 운영된다. 따라서 국가의 경제상황에 의존성이 있다.

공적부조 | 공적부조 프로그램을 대표하는 AFDCAid to Family with Defendent Children은 공적부조 프로그램 중 가장 규모가 크며, 요보호아동에게 구호가 제공되는 ADC 프로그램으로 출발하였다. 이 프로그램의 비용은 연방정부, 주정부, 지방정부가 공동 부담하였다. 65세 이상의 노인이나 장애인을 위한 공적부조 프로그램으로 보족적 보장소득제도가 있는데, 이것을 위한 재정은 일반조세로 충당한다. 우리나라의 의료급여제도에 해당되는 미국의 공적부조 의료서비스로 메디케이드Medicaid가 있는데, 노인뿐만 아니라 모든 공적부조 대상자가 메디케이드의 서비스 수급자가 될 수 있다. 결론적으로 다민족 국가로서 미국은 사회복지에 있어서 연방정부와 주정부 간의 상호작용과 협력을 통하여 운영된다. 미국은 세계 최초로 사회보장법을 제정한 국가이지만, 사회복지에 대한 인식은 상대적으로 결핍된 사회보험제도보다 공적부조에 의존하는 복지 후진국형 모델인 잔여적 복지국가이다.

빈곤가구한시부조 TANF, Temporary Assistance for Needy Families | 1980년대 초에 등장하였던 신자유주의의 이념을 토대로 20여 년 전개되어 왔던 논쟁의 결과물이 1996년 클린턴 정부에서 실행된 복지개혁이다. 복지개혁의 가장 큰 골격은 세 가지 점에서 접근할 수 있다.

첫째 복지예산의 축소, 둘째 개인책임과 노동기회법Personal Opportunity

and Work Responsibility Act의 처리와 셋째 저소득 가구의 아동에 대한 공적부조제도의 변화라 할 수 있다. 공적부조제도의 변화는 앞에서 논의된 AFDC에서 TANF로의 전환이다. 이 제도는 공적부조를 제한하면서 노동활동을 통한 자활을 중요하게 강조하였다. 이러한 수급기간의 제한, 근로조건의 강화는 수급자 감소, 소득증가, 노동활동의 증가 등 사회경제적 변화를 야기했다. 그러나 수급자의 감소는 실질적으로 수급중단자의 증가를 의미하며, 이는 취업과 실업의 반복으로 불안정한 고용상태와 저임금 구조가 형성되는 근원적인 문제들이 발생하였다.

일본

일본의 사회보장제도의 시초는 1874년의 휼구恤救규칙과 1929년의 구호법 등에서 그 뿌리를 찾아볼 수 있는데, 조직적이며 본격적인 사회보장이 등장한 것은 제2차 세계대전 이후라 할 수 있다. 일본의 자민당 정권은 그동안의 사회복지에 대한 무관심을 접고 사회의 노령화에 대비하여 1973년을 복지원년으로 삼고서 경제적 규모에 비해 상대적으로 열악하였던 복지 분야에 대한 관심을 갖게 되었다. 일본에서 사회정책은 독일에서 행해졌던 사회개량주의의 분배적 의미와 노동력 보전과 배양을 위한 자본주의적인 생산정책을 추구하였다.

사회복지의 발전 | 일본의 사회복지정책은 역사적인 측면에서 접근하

여 분석하는 것이 요구되는데 왜냐하면 시기별로 사회복지정책의 특징이 명확하게 구분되기 때문이다. 일본의 복지정책은 4기로 구분해서 살펴볼 수 있다. 미군정기였던 제1기는 시설복지와 공적부조 중심의 복지3법(생활보호법, 아동복지법, 신체장애자복지법) 시기(1945~1959)로 구빈적 성격이 매우 강하였다. 제2기는 복지를 국민의 권리로 규정하면서 소득증진과 사회보장이 정립되는 복지6법 시기(1960~1972)이다. 복지6법이란 복지3법에 정신박약자복지법, 노인복지법, 모자 및 과부복지법이 더해진 것으로 경제성장으로 인한 사회문제의 발생으로 사회복지가 확대된 것으로 이해할 수 있다. 제3기는 전 세계적으로 오일쇼크로 인한 경제적 위기에도 불구하고 1973년을 복지원년으로 선포하면서 복지의 확대를 시도하는 사회복지의 조성기(1973~1985)이다. 마지막으로 제4기는 그동안의 공적부조 중심의 사회복지제도에 변화를 시도하는 복지개혁기(1986~현재)이다. 이 시기에는 시설복지서비스로부터 재가복지서비스로 전환하면서 복지=무료라는 인식으로부터 전환하여 수익자부담의 원칙을 정립하였다.

제도적 · 보편적 복지국가

독일

오늘날 재정적으로 어려움을 겪고 있는 독일은 역사적으로 일찍이 복지국가의 토대를 문화적으로 건설한 국가이다. 초기에는 정치적인 측면이 강하게 표출되었지만♠, 현재는 독일 국민이 복지혜택을 누리는 토대로 작용하였다는 사실은 부인할 수 없을 것이다. 고령화에 대한 대비로서 수발보험은 독일의 국가주의적인 측면에서 형성된 4대 사회보험과는 다르게 1974년에 노인케어에 관한 의견이 개진된 이래로 20여 년 동안 논의된 후 1995년 4월부터 시행되었으며, 그 이후로도 계속되는 시행착오를 겪고 있다.

사회복지의 발전 | 연대기적인 독일의 사회정책 변화과정에서 첫 번째는 본격적인 산업화시기에 노동자 계급의 불만과 공산주의의 출현(노동자계급의 정치운동과 1875년 사회주의 노동당 출현)으로 사회적 혼란이 가중되면서 "채찍(사회주의자 진압법)과 당근(사회보험으로 산재보험,

♠ 독일은 상향식이 아닌 하향식의 시혜적 성격으로 세계 최초로 사회보험 정책을 실천한 국가이며, 용어선택에 있어서 사회복지 보다는 사회정책Sozial Politik을 사용하고 있는데, 이는 독일의 사회정책의 시발점이 노동운동 혹은 노동문제와 연관된 정치적인 성격이 강하였기 때문이다. 그러므로 독일 사회정책은 국가의 사회개량정책 이상으로 노동계급에 대한 정략적 행위로서 정치적인 특징을 갖고 있다.

질병보험, 노령폐질보험)"이라는 사회정책을 구사한 비스마르크 시기이다. 실질적으로 이 시기에는 노동자의 복지증진이 목적이 아닌 정치적인 권모술수 차원에서 진행되었다. 두 번째 1918년부터 1933년 나치의 정권 획득까지의 바이마르Weimar 공화국 시기이다. 이 시기에는 여성 투표권 부여, 남녀평등 보장, 사회보장제도와 의무교육제도 도입 등 각종 사회적 요구가 봇물처럼 터지면서 사회적 불안이 지속되었다. 그런 이유로 경제의 불안정과 정치의 보수화 그리고 경제공황의 발생으로 공화국의 붕괴를 초래하게 되었다. 세 번째는 독일 제3제국 시기로서 제1차 세계대전 패전 후 경제불황으로 나치 출현이 정당화된 시기이다. 경제 활성화를 위해 금융정책, 노동자정책, 실업자 구제법 등 각종 사업을 전개하여 실업자 구제와 인플레이션과 불황을 극복하였으며, 이를 통해 확산된 나치즘의 대중적 인기는 히틀러로 하여금 제2차 세계대전을 발생시키는 원인으로 작용하였다. 네 번째는 제2차 세계대전 패망 후 연합국에 의해 통치되던 군정기부터 1980년대 초까지 사회국가가 성립되던 시기라 할 수 있다. 경제적 여건이 충분하지 못하였던 군정기를 거쳐 1949년부터 1966년까지는 독일 사회법의 원칙이 형성되고, 독일 총생산에서 사회복지예산이 차지하는 비율이 14%~15%로 증진되었다. 그리고 사회정책의 내실화와 새로운 질서 형성을 추진하였던 1966년부터 1969년까지는 생산직 노동자와 사무직 노동자의 연금보험 재조정, 사용자의 임금계속 지불, 고용촉진법 등을 제정하였다. 1969~1982년까지는 사민당 정권시기로 실업자나 저임금계층을 위한 사회보장과 의료비 상승에 따른 지출이 증가하였던 사회복지의 확충기이다. 마지막으로 1980년대 이후에는 사회복지 지출증대에 따라 사회보장제도에 수정이 이루어지기 시작하였으며, 통독 이후 현재에 이르기까지 동독 지역의 생활수준을 서독지역의 수준으로 끌어올리기 위한 재정지출과 사회복지예산 증가로 경제적 어려움을 겪고 있다.

스웨덴

스웨덴은 많은 사람들에게 사회복지의 대명사로 알려져 있다. 특히 "요람에서 무덤까지"라는 영국식 표어에 빗댄 "태아에서 무덤까지"라는 표현은 스웨덴식 복지의 특징을 잘 보여준다. 스웨덴은 공공사회복지서비스와 사회보험이 발달하였으며, 대부분의 노동자가 실업보험에 가입되어 보호를 받는다.

스웨덴의 사회복지의 발전 | 스웨덴의 사회복지정책의 발전은 시기적으로 네 단계로 구분할 수 있다. 제1기는 산업혁명 이전인 1880년 무렵으로 토지개혁으로 많은 농민들이 부랑민으로 전락하게 되었다. 제2기는 그것을 극복하기 위하여 사회복지정책이 구빈에 한정되어 실시되었으며, 산업의 발전으로 사회보장정책이 실행되었다. 1930년대 초까지의 제3기는 1932년 사회복지를 권리로 인식하고 있는 사회민주당의 미르달이 집권하면서 사회안전망을 구축하는 한편 사회보험제도의 확충과 공중보

건제도를 실시하였다. 1950년대에는 아동복지, 금주치료, 공적부조 등 개인에 관련된 사회복지서비스도 확대되었다. 마지막으로 제4기인 1980년대 이후는 사회정책의 적극적인 역할을 강조하였던 시기이다.

스웨덴 사회복지정책의 문제점 | 세계 최고의 복지수준을 자랑하던 스웨덴의 고부담·고복지 정책은 1970년대 오일쇼크로 인한 경제적 충격과 복지의 과잉 지출로 재정적인 압박상태에 놓여 있었다. 그러나 만성적인 스태그플레이션 상황에도 불구하고 사회복지분야는 지속적으로 순항하였다. 하지만 스웨덴의 고부담·고복지 정책은 노동계층의 의욕을 감퇴시키는 등 많은 폐단을 야기했다. 스웨덴 정부는 이런 위기를 타개하기 위해서 제3의 길The third way policy◢, 즉 공급측면에서 자극적인 조치, 국내수요측면에서 긴축정책을 실행하게 되었다. 또한 시장경제원리인 경쟁을 도입하였는데, 이는 단순히 경제적인 측면만을 강조하는 것이 아닌 수혜자 스스로 복지혜택을 받기 위해서는 경쟁적인 노력이 요구됨을 인식하게 하는데 목적이 있었다.

◢ 영국의 사회학자 앤서니 기든스Anthony Giddens의 책 제목(1998년에 출판)으로 사회주의의 경직성과 자본주의의 불평등 구조를 극복할 수 있는 대안으로 영국 수상이었던 토니 블레어Tony Blair와 독일 수상 게하르트 슈뢰더Gehard Schröder의 신중도Neue Mitte 노선에 대한 이론적 토대를 제공하였다.

다른 나라들의 사회복지

세계의 모든 국가들은 그 나라의 경제적인 수준에 따른 복지정책을 실행하고 있다. 그러므로 사회복지분야에서 주로 논의되는 국가들은 경제적 수준이 높은 선진국들일 가능성이 높다. 이러한 선진국의 선례들은 정책적 토대를 형성하기 위한 범례로서 중요한 의미를 지니고 있다. 하지만 이러한 경향은 아시아와 남미 국가들의 복지에 대한 상대적 무관심을 발생시켰다. 이 장에서는 유럽을 중심으로 한 선진국들의 복지가 아닌 주변부와 반주변부♠ 국가들의 사회복지에 관한 소개가 될 것이다. 이 장에서는 아시아와 남미 국가들의 복지의 발전과정을 경제성장과 민주화 정도와 연관하여 시기적으로 분석하고자 한다.

아시아 국가들의 사회복지

여기서 논의될 국가들은 아시아의 네 마리의 용으로서 신흥공업국NICsNew Industry Countries 대만, 홍콩, 싱가포르와 필리핀이다. 필리핀을 제외한 세 나라들은 현재 경제적으로는 비슷한 수준으로 발전하고 있다. 이 국가들은 몇 가지의 공통점을 가지고 있는데, 네 나라 모두 식민지배를 받은 경험이 있으며, 1960~1970년대에 경제적으로 비약적인 발전이 이루어졌으며, 그에 따른 사회적 부작용들이 발생하면서 이를 극복하기 위한 방안들이 실행되고 있다.

대만

중국 본토 남동해안으로부터 160Km 떨어져 있으며, 남한의 1/3정도의 국토에 2천300만 명의 인구를 가진 대만은 타이완으로도 알려져 있다. 인구밀도가 매우 높고 국민소득이 1만3000달러 정도로 경제적으로

♠이매뉴얼 월러스타인Immanuel Wallerstein의 세계체제론에서 설명하는 분석틀로서 세계경제를 중심부국가와 주변부 국가들 간의 불평등한 국제 분업체계로 인식한다.

한국과 비슷한 수준으로 공용어로는 베이징어가 통용되고 있다. 대만의 사회복지는 복잡한 정치적 상황과 매우 밀접한 관련이 있다.

대만은 1945년 일본의 무조건 항복 이후 독립하여 장쩨스하의 총통체제가 40여 년 유지되었다. 38년 동안은 계엄통치 기간으로 대만인에 대한 정치적 억압 속에서 자유가 제한되었다. 그러나 1988년 대만 총선은 새로운 선택을 하게 되었는데, 리덩후이 총통의 취임이 그것이다. 이는 대만의 민주화의 시작을 알렸다. 2000년에는 직선제에 의해 55년간의 국민당 통치체제로부터 야당이었던 민주당으로 정권교체가 이루어지면서 민선 총통인 천수이벤이 취임하게 되었다.

또한 대만의 사회복지를 논하면서 한국의 정치 발달과정을 이야기하지 않을 수 없다. 왜냐하면 제도화의 측면에서 시기적으로 한국이 약간 앞선 것을 제외하고는 한국의 사회복지 발전과정과 형식이 매우 유사하기 때문이다. 이런 측면에서 대만의 사회복지는 1990년대 민주화 이후 크게 변화하고 있다.

대만 사회복지의 중심에는 사회보험이 있다. 그것은 한 제도 내에서 다양한 급여를 제공하는 포괄적인 보험의 형태이다. 사회복지사업은 주로 기업체의 기부금으로 운영된다. 노인, 신체장애자, 병자, 임산부, 산재 노동자들에게 연금과 의료보장이 제공된다. 보건 위생시설이 신장되고 식사도 개선됨에 따라 건강상태가 크게 좋아졌다. 평균수명이 남자는 71.8세, 여자는 77.7세로, 이는 선진국에 필적하는 수준이다. 주택난은 정부의 주택정책에 따라 점차 완화되고 있다. 문맹률은 약 10%밖에 되지 않는다. 또한 초·중등학교에서는 무상의무교육이 실시되고 있다.

이처럼 대만은 정치적인 민주화를 토대로 하여 사회복지를 정책적으로 실행하게 된다. 이외에 수당제도와 국민건강보험제도가 자리 잡고 있는데, 전자는 노령농민복지수당과 경로노령수당으로 실행하며 후자는 1992년부터 시작되었다. 사회복지와 정치의 함수관계 속에서 대만의 사회복지의 발전도 복지국가의 첫 번째 요소인 민주주의의 중요성을 보여주고 있다.

홍콩

정식명칭은 영국령 홍콩이었으나, 1997년 7월 중국으로 반환된 후 현재 중화인민공화국 홍콩특별자치구로 불리고 있다. 중국 남동부에 위치한 홍콩은 인구 700여만 명이 거주하고 있으며, 그 중 99%가 중국인으로 영어와 중국어가 공용어로 사용된다. 홍콩은 기본적으로 사회복지에 있어서는 정치적 독립과의 연계 속에서 의미가 있다고 볼 수 있다. 그런 연유로 홍콩의 사회복지는 부조방식의 사회보장정책을 토대로 하고 있으며, 정부개입에 의한 재분배가 아닌 주는 자와 받는 자의 구분이 중요한 사회복지의 근거가 되었다.

역사적으로 사회복지에 대한 관심과 발전의 동기에 대한 일반화에서 볼 수 있는 것처럼 홍콩도 마찬가지로 국민들의 불만을 해소시키기 위해 사회보장과 사회정책부분의 지출을 증가시켰다. 1966~1967년에 홍콩에서의 폭동은 식민지 정부의 합법성을 위협하였으며, 이에 대한 정부의 대응이 사회복지에 관한 관심으로 나타나게 되었다. 식민지 정부는 낮은 비율이지만 사회정책의 발전에 점진적으로 투자를 확대하였으나, 본질적인 면에서는 한계가 작용하였다. 왜냐하면 1997년에 영국정부가 홍콩을 중국에 반환하도록 되어 있기에, 정치적 불안정이 홍콩사회 전반에 존재하고 있었기 때문이다. 그런 이유로 홍콩의 사회복지제도는 사회보험방식의 제도가 아닌 사용자책임배상제와 사회부조방식이 중심을 이루었다.

홍콩의 사회보장정책방향은 대체적으로 수출주도전략에 의한 성장으로 전환한 1950년대 초를 전후하여 형성되었는데, 그 핵심은 "민간의 노력을 지도하고 조정하며, 그것을 보충할 수 있는 체계를 구축한다"는 것이었다. 실질적인 민영화로 정책방향을 잡은 홍콩의 경우는 기존의 사회보장제도 적용범위 등을 고려할 때 복지욕구의 충족을 외면하고 있는 듯이 보인다.

싱가포르

홍콩과 마찬가지로 영국의 식민지였으며 말레이시아에 속하였다가 1963년에 주권국가가 되었다. 싱가포르는 현재 인구 330만 정도, 국민소득 2만 2천 달러, 중국어, 영어, 말레이어를 주로 사용하고 있는 아시아에서는 일본 다음으로 잘사는 도시국가이다. 그러나 사회복지적인 측면에서 싱가포르는 홍콩과 비슷한 인식으로 접근할 수 있다.

싱가포르의 정치적 상황은 홍콩보다 좀 더 복잡하게 전개되었다. 그러므로 싱가포르의 사회복지를 이해하기 위해서는 역사적인 접근이 필요하다. 16세기에는 포르투갈, 17세기에는 네덜란드, 그리고 18세기 이후에는 영국의 지배를 받아오면서 오랜 식민지 경험으로부터 경제적 생존의 중요성에 대한 강조와 사회보다는 개인을 중시하는 풍토가 조성되었다.

사회복지정책적인 측면에서 싱가포르는 영국의 식민지였던 홍콩처럼 사회보험방식의 제도는 존재하지 않지만, 다른 나라에서는 찾아보기 힘든 독특한 적립기금방식에 의한 제도를 채택하고 있다. 싱가포르의 경우는 중앙적립기금을 통해 모든 국민들에게 강제저축을 의무화한 나머지 경제활동에 있어서 시장에 의한 소득분배를 퇴직 후에도 그대로 재현하는 결과를 초래하였을 뿐만 아니라 적용대상이 납부능력에 따라 결정되어 임시직 근로자나 시간제 근로자는 배제되고 있다. 의료복지의 측면에서는 싱가포르가 채택한 메디쉴드Medishield나 메디쉴드 플러스 Medishield Plus는 기본적으로 능력에 따른 가입을 원칙으로 하고 있어서 증가하는 복지욕구에 대응하기에 미흡한 것으로 보인다.

필리핀

필리핀은 식민지배(스페인, 미국, 일본의 지배)로 점철된 역사로 인해 사회복지의 제도적인 측면에서 다른 아시아 국가들보다 일찍이 눈을 떴다. 필리핀의 사회복지에 대한 제도적 출발점은 이미 오래 전인 1915년 공공복지위원회의 설치에서 비롯되었으며 이는 사회복지 및 개발부로 변화했다. 미국의 통치기간 동안에 필리핀에서는 미국에서 교육을 받은 사회사업가들이 사회복지에 관련된 민간기관들을 만들어 활동하였으며, 자치정부의 출범 후 사회복지에 대한 국가적 관심이 증대하였다. 하지만 정경유착으로 오히려 민중의 삶은 더욱 빈곤해지면서 사회적 불안과 불만이 증대하였다. 이 시기는 한국의 역사적 과정(미군정기와 군사정권 시기)과 유사한 형태로 진행되었다.

1980년대 말 독재정권의 축출 후 현재에 이르기까지 사회개혁과 더불어 사회복지에 관련된 프로그램들을 만들었지만 군사정권에서의 경제적 어려움(1986년에는 국민의 59%가 빈곤선 이하의 생활고를 겪었다)을 극복하지 못하여 실천에 있어서 문제로 제기되었다. 1980년대 중반부터 계속된 정권교체 과정에서 사회문제를 해결하려는 의지는 보였지만, 장기간의 식민지 경험과 군사정권, 독재정권으로 이어지면서 심화된 사회경제적 모순을 극복하는 데는 한계를 보였다.

남미 국가들의 사회복지

아시아 국가들과 남미 국가들은 공통적으로 식민지배를 거쳤다. 대부분의 아시아 국가들은 제2차 세계대전 이후 독립하였다. 역사적으로 남미의 식민지 이전의 상황에 대해서는 거의 알려진 것이 없다. 지리상의 발견 이후 포르투갈에 의해 지배를 받았던 브라질을 제외한 다른 국가들의 인디오, 원주민들은 거의 300여 년간 스페인의 통치를 받았다. 이들은 식민통치하에서 종교적, 언어적으로 동화되었다. 아시아 국가들과는 다르게 일찍이 식민통치를 경험하였기에 제국주의 시대에는 오히려 독립하여 원주민의 부족 형태에서 서구적인 국가형성 과정과 국가권력 강화를 경험하였다. 이러한 영향은 발전의 원동력이 될 수도 있었지만, 장기간 정치, 경제, 사회, 문화적으로 혼돈과 격정의 시기를 보내게 된 원인으로 작용하였다. 현재 남미 국가들의 사회복지는 신자유주의적인 모델(칠레)로부터 사회주의적인 모델(베네수엘라, 브라질, 아르헨티나)로 서서히 변화하고 있다.

브라질

브라질은 남미 대륙에서 가장 많은 인구(1억8천7백만 명, 2007년 기준)를 가지고 있다. 16세기 초 종교적인 측면에서 선교와 교화를 목적으로 예수회 선교단이 진출한 후 정치적인 측면에서 통치를 가속화 하였다. 브라질은 1789년부터 독립투쟁이 시작되었으며 1822년 9월 7일에 포르투갈로부터 독립하였다.

독립 후 브라질의 역사는 지배계급과 농민·노동계급 간의 투쟁으로 점철되었고, 사회복지적인 측면에서 발전과 변화는 좌파정권의 등장(2002년 노동자당의 루이스 이나시오 룰라 다 실바Luiz Inacio Lula da Silva가

대통령으로 선출됨)으로 전기를 맞았다. 그러므로 이데올로기적인 측면에서 브라질의 사회복지제도는 선구적인 보편주의적 성격을 갖고 있으며, 4대 사회보험제도는 1960년대에 이미 완성되었다.

그럼에도 불구하고 브라질의 사회보장 급여 지출은 GDP 대비 4.6%로 남미국가들 중 최하위를 기록하고 있다. 왜냐하면 사회복지의 이데올로기는 진보적이지만, 정책 집행자들이 보수주의자들이기 때문이다. 결론적으로 브라질은 정책적 제도적으로는 사회복지와 사회보장이 정리되어 있지만, 좌파정권의 강력한 의지와 투쟁에도 불구하고 그 실천의 토대가 되는 재원마련의 어려움과 오래 전부터 존재한 특권층과 보수주의 엘리트들에 대한 벽을 넘지 못한 통제능력의 부재가 지속되고 있다.

칠레

원주민 인디언들이 살고 있던 태평양 연안의 칠레는 16세기에 스페인에 의해 점령당하면서 19세기 중반까지 지배를 받았고 1818년 2월 18일 독립하였다. 정치경제적 혼돈 속에서 칠레는 사회복지의 측면에서 광범위한 사회적 보호를 실행하였지만, 정치적으로 인간에 대한 예속을 심화시면서 계층 간의 분화가 가장 심하게 나타났다.

아옌데Allende 정권은 보편주의 복지국가를 추구하기 위한 프로그램을 만들었지만 제대로 실행하지 못하였다. 1973년부터 1989년까지 군부 쿠데타로 집권한 피노체트 정권은 사회복지의 개혁을 실행하게 되는데 그것의 핵심은 연금과 의료보험체계의 민영화이다. 칠레는 1924년에 도입된 공공연금체계를 1980년에 신자유주의 이데올로기에 기초하여 민간 사회보장연금체계로 변화시켰다. 의료보험에 있어서는 1979년까지 칠레의 의료보험은 국가(국민건강서비스National Health Service와 고용자를 위한 국민의료서비스)에 의해서만 실행되고 있었다. 이 제도는 1980년 이후 공공의료보험과 민간의료보험회사 중 가입자가 선택할 수 있는 분권화되고 민영화된 체계로 변화되었다.

사회보험의 민영화를 실천하고 있는 칠레에서 연금은 그 가입에 있어서 국민들의 의무라는 성격을 띠고 있지만, 그 기금의 운용이나 지급에 관련된 업무들은 독립적으로 민간에 의해서 집행된다. 이러한 사회복지에 관련된 정책들은 중남미 지역에서 모범적이기에 많은 나라들이 칠레식의 사회보험제도를 도입하거나 관심을 표명한다

아르헨티나

남미대륙에서 두 번째로 넓은 영토를 소유한 아르헨티나는 16세기 초에 칠레, 페루, 우루과이 등으로부터 스페인 사람들이 유입되면서 그 지역 원주민들과 동화되어 정착하게 되었고 1776년까지 스페인 부왕령인 식민지로 통치되었다가 1816년 독립하였다. 1920년대까지 아르헨티나는 세계 5대 경제대국이었지만 그 토대는 토착자본이 아닌 유럽자본과 이민자들의 것이었다.

아르헨티나의 사회복지에 있어서 후안 도밍고 페론Juan Domingo Perón 대통령의 역할은 큰 의미가 있다. 페론의 노동자에 대한 애정은 19세기 선진국의 복지발전에 있어서 노동자들만의 복지를 주장하였던 것을 20세기 중반에 실행하였다. 그러나 이러한 페론주의Peronism⚘는 시혜적 성격의 분배형태로서 하나의 인민주의Populism이라 할 수 있다. 제 2차 세계대전 이후 페론의 국가사회주의적인 사회정책의 실시는 사회복지와 사회보장의 측면에서는 선진적이었으나, 그 경제적 토대의 부실과 빈번하게 발생한 쿠테타로 인해 장기간의 군사독재를 겪어야 했다. 그것은 화려했던 아르헨티나 경제를 낙후시키는 원인이 되었다.

현재 아르헨티나의 사회복지의 지향은 앞에서 논의된 칠레의 신자유주의적인 개혁모델에 브라질의 점진적인 보편주의를 채택하였다. 그런 측면에서 아르헨티나는 사회주의 국가는 아니지만 사회주의 성향이 강한 국가정책을 펼치고 있다. 그것은 페로니즘의 유산으로 볼 수 있다. 의료서비스와 공교육의 무료 제공이 바로 그것이다. 사회복지제도는 퇴직, 신체장애, 유족연금, 가족수당, 건강보험 형태로 시행되며, 전 국민에 대한 의사비율은 매우 양호하다.

⚘ 일명 정의주의Justicialism으로도 불리고 있다. 아르헨티나의 대통령이었던 후안 페론과 정신적 지도자였던 에바 페론의 사상을 토대로 한 국가사회주의적인 정치운동을 말한다. 특히 노동자의 삶에 관심이 많았던 이유로 포퓰리즘으로도 부른다.

베네수엘라

베네수엘라는 지형적으로 안데스 지역과 중미 지역과는 고립되어 문화적, 인종적으로 차이가 있다. 작은 베네치아라는 뜻을 가진 베네수엘라는 16세기 초부터 스페인으로부터 온 성직자와 관료들의 통치를 300년 동안 겪었으며, 1830년이 되서야 독립하였다. 베네수엘라는 독립 후 장기간의 군사독재를 경험하였다. 이 기간동안 군사정권은 풍부한 지하자원에 대한 광구 사용료를 받아서 남미지역에서 경제적으로 가장 부강한 나라가 되었으며, 일부는 국민들의 복지에 사용되기도 했다. 1958년 군사독재 정권이 종식된 이후 베네수엘라는 주로 좌파정권이 지배하였다. 공공복지제도가 어느 정도 발달되어 있으며, 1944년부터 실시된 사회보장제도를 통해 혜택을 받고 있다. 의료체계에 있어서 의사와 병상은 수적으로는 부족하지만 보건시설은 선진국과 비교될 수 있을 정도로 양호하다.

21세기형 사회주의 혁명을 내세우며 1998년 집권한 우고 차베스Hugo Chavez 대통령은 쿠바의 영향과 지원으로 사회복지정책을 추진한다. 그는 빈곤 추방의 일환으로 2003년부터 미션 바리오 아덴트로Mision Bario Adentro라는 무상의료체계와 무상교육이라는 사회복지프로그램을 실행하였다. 무상교육은 문맹퇴치, 초등교육, 고등교육, 대학교육으로 나뉘어 실시된다. 베네수엘라는 이를 위해 2007년 예산의 44%가 사회보장비로 책정되었으며, 이러한 결과 1998년에 총인구의 60~70%가 의료혜택을 받지 못하였으나, 2005년에는 70% 이상이 거주지역에서 의료혜택을 받는 것으로 나타났다.

소결　지금까지 기존의 선진 복지국가들이 아닌 복지국가를 지향하고 있는 후발 산업국가들을 중심으로 살펴보았다. 사회복지의 측면에서 이 국가들은 사회문화적인 연관성보다 정치,경제적인 측면에 더 많이 종속되어 있다고 볼 수 있으며, 아시아 국가들과 중남미 국가들은 정치적 측면에서 근본적인 원인에는 차이가 있지만 모두 독재, 권위주의 시대를 겪었다는 점에서 공통적이라 할 수 있다.

남미의 국가들은 아시아 국가들보다 식민지 기간도 길고 산업화도 더 일찍 시작하였지만, 그에 따른 사회문제도 많이 발생하였다. 이러한 사회문제들이 사회복지에 대한 관심을 증폭시켰으며, 이데올로기적으로 좌파적인 정책과 제도로 구체화되었다. 그러나 남미국가들의 경제적 토대가 서구 자본에 의한 것이며, 세계경제의 불황으로 인한 자본의 유출은 재정적 토대를 붕괴시켰으며, 군사독재 등장과 엘리트 지배계급의 경제적 독점, 그리고 민주화를 거치면서, 현재는 사회복지의 측면에서 다양한 모습을 보인다.

정치적, 사회적 민주화는 그 나라 국민들의 상호간의 관심과 배려가 발생할 수 있는 전제조건이다. 앞서 논의된 나라들은 산업화의 과정에서 정치적 문제들을 내포하고 있었던 국가들로 성장 일변도에서 사회 전반의 민주화 과정을 통한 분배에 대한 정치적 관심이 사회복지로 나타났다. 그러나 오늘날 무한경쟁 시대에 민주화의 효과는 일정한 한계에 도달하였다. 우선적으로 그들은 해외시장의 여건에 대응하여 경제성장을 이룩하면서 이데올로기적으로 편향되지 않는 탈이데올로기적인 정책을 수립하고 있다.

...Part 5

사회의 고령화와
그 대책들 I

- 독일과 일본을 중심으로 -

고령화와 노인케어의 의미

인구구조의 변화

오늘날 대부분 산업국가들의 인구구조의 특징은 고령화 현상이다. 몇 몇 국가에서는 이미 초고령화 현상이 두드러지게 나타난다. 또한 고령화 현상의 보편적인 특징에는 노인단독세대의 증가♣와 인구감소, 그리고 노인인구 증가에 대한 의미변화가 있다. 선진 산업국가에서 인구 변화는 다섯 가지의 특징적인 형태로 이루어진다.

첫째 노년기의 시간적인 확장이다. 이것은 의학기술의 발전과 생활수준의 상승으로 기대수명이 증가하는 것을 의미한다. 그에 따른 노동시간의 연장은 노인들의 삶에 거대한 변화를 가져왔다. 실질적인 노년기는, 사회생활의 출발 시기인 20대 중반에서 노인에 이르기까지의 기간과 버금가는 수준으로 연장되었다.

둘째 노인인구의 구별화이다. 노년기의 시간적인 확장으로 노인 간에도 연령 구별이 가능해졌다. 65세 이상의 노인이라도 연령에 따라 사회적 위치나 역할이 다를 수 있으며, 정책적 고려에 있어서도 구별이 필요하다. 이는 초고령 사회를 대비한 구분법이다. 노인도 초기 노인young old (65~74세), 후기 노인middle old (75~84세), 초고령 노인old old (85세 이상)으로 구별할 수 있으며, 진정한 의미의 '노인'은 후기 노인과 초고령 노인으로 변화할 것이다.

셋째 노인의 청년화로 연령에 의한 신체적 노화의 의미가 줄어들면서, 오히려 경제적, 사회적 변화에 의하여 노인의 의미가 규정되는 고령화 사회에서는 청년 같은 노인들이 사회의 주요 구성원으로 등장할 것이다.

♣ 2001년 독일의 인구는 8,244만명으로 65세 이상 노인인구비율은 17%이다. 그 중에서 독거노인은 579만명 정도로 전체인구의 약 7% 정도를 차지하고 있다. 우리나라의 독거노인의 수도 지속적으로 증가 추세에 있으며, 특히 노인가구 중 독거노인 가구의 수는 1988년 9.6%에서 1998년에는 20.1%로 10년 사이에 10.5%나 증가하였다.

넷째, 노인인구의 독신화이다. 이는 가부장적 제도에 대한 부담과 전쟁과 같은 사건을 통한 남성들의 상대적으로 높은 사망률, 결혼연령의 양성 간의 차이 등이 주요 원인을 제공하였다고 볼 수 있다. 그러나 현대적 의미에서는 결혼으로부터 자유로운 사람들이 증가하고 있다는 것이 강조된다. 여기에서 중요한 사실은 남성이든 여성이든 후손 없이 독신화가 진행되는 점이다.

다섯째, 고령화 현상이다. 이는 사회정책적으로 질병, 수발, 도움에 직접적으로 관계된 연령 계층인 80세 이상의 노인 증가로서 초고령화♣를 의미한다. 특히 독일의 통계청SBDStatistisches Bundesamt Deutschland에 의하면 2001년 현재 80세 이상의 노인은 전체인구의 3.9%인 3백2십만 명이며, 50년 후인 2050년에는 9백7십만 명인 12%에 도달할 것으로 예상하며, 일본의 경우도 75세 이상 노인 인구가 지속적으로 상승, 2000년의 6.9%에서 2025년에는 14.5%로 예상된다.

일반적인 고령화 현상에 있어서 앞서 언급한 인구의 구조적 특징은 서구 산업사회의 공통적 현상이다. 일본의 구와하라 요꼬桑原洋子에 의하면 출생률과 평균수명 간의 관계에서 출생률 저하와 평균수명의 증가는 사회의 고령화를 의미하지만, 반대로 평균수명과 출생률이 동시에 증가하는 사회는 장수사회는 되어도 고령화 사회는 되지 않는다고 한다

♣초고령화post-aging란 일반적으로 65세 이상 노인인구가 전체인구의 21% 이상인 경우를 말하지만, 이 글에서는 80세 이상의 고령노인의 급속한 증가를 강조하기 위한 표현으로 사용한다. 영국의 미래재단은 2010년에 태어나는 사람들의 평균 수명을 120세로, 미국의 과학저널 사이언티픽 아메리카는 2050년 인류의 평균 수명을 150세로 예언하고 있다.

(桑原洋子, 1997). 이는 장수사회에서의 노인케어의 작동은 제도화와 함께 또 다른 전통적 기제를 통하여 이루어질 수 있다는 것이다. 그러나 현재의 고령화◆가 출생률의 감소◆◆를 통한 인구구조의 변화를 의미하기에 전 지구적 위험 요인으로 작용할 수 있다. 이는 일차적으로 전체적인 인구구조의 변화, 즉 앞서 논의했던 노인인구의 증가와 이차적으로 노인인구의 여성화와 같은 노인인구의 내적인 구조 변화를 발생시켰다.

케어와 노인의 독립성

노인케어를 위해 실행되는 모든 정책들(장기요양보호long term care의 사회보험화로서 수발보험, 개호보험, 노인장기요양보험 등)은 경제적인 측면에서 케어에 대한 종속이 아닌 노인들의 독립적인 삶의 유지를 목적으로 해야 한다. 고령화 사회에서 케어와 독립성은 노인의 삶에 매우 중요한 의미를 갖는다. 왜냐하면 케어는 노인들의 생활세계에서 일상생활동작과 밀접한 관련이 있기 때문이다. 또한 독립성은 노인들의 경제적인 자립으로서 가족으로부터의 해방과 가족 구성원들의 부담 경감 그리고 노후의 삶에 대한 여유와 풍요로움을 의미한다.◆◆◆

◆고령화란 일반적으로 세 가지 특징을 가진다. 첫째, 노인의 수가 절대적으로 많고, 둘째 총인구에서 노인의 비율이 증가하며, 셋째 80세 이상의 노인들이 급속히 증가한다.

◆◆출생률 감소는 고령화와 더불어 인구구조를 역피라미드 형태로 변화시키는 주요 원인이다. 우리나라의 출생률은 1970년 4.53, 1983년 2.08에서 2002년 현재 1.17로 가파르게 감소하고 있다. 일본은 1989년 1.57에서 2001년에는 1.33으로 감소하였다.

◆◆◆노인의 삶에 있어서 독립성은 건강수명Healthy Life Expectancy과 관련이 있다. 과거에 주로 논의되었던 평균수명이란 지표는, 산업화로 인한 각종 질병의 발생과 와상노인, 치매노인의 증가

일반적으로 노인들의 케어의 필요성은 심장질환과 같은 의학적인 진단의 결과로부터 찾아볼 수 있다. 그러나 많은 경우에 질병과 노화에 의한 케어의 필요성의 한계를 명확하게 한다는 것은 가능하지 않다. 왜냐하면 그 관계성을 신경체계와 감각조직의 질병으로부터 그 의미를 찾을 수 있기 때문이다. 그러므로 케어와 같은 원조를 통한 노화증상(우울증, 보행 장애, 방향장애, 건망증 등)으로부터의 해방이 노인케어에 있어서 가장 중요한 의미이다.

일반적으로 노인의 독립성 유지와 그 범위는 독일의 수발제도와 일본의 개호제도에서 볼 수 있듯이 "보건의료와 복지정책 수립에 있어 가장 기본적인 지표로 등장하는 다섯 가지 개념과도 관계하고 있다. 그것은 건강에 대한 단계적 척도Stages of the Health Continuum, 일상생활동작능력 ADLActivity of Daily Living, 급·만성 질환 유병율, 주요활동 장애, 그리고 스스로 느끼는 건강수준Self-perceived Health Status"(이인수, 2004: 29)에 연관된 일상적인 기본활동❧과 관련을 가지고 있다. 또한 대외적인 활동❧❧도 똑같이 일상적인 생활에 속한다. 여기서 생활세계로의 지향의 의미는 객관적인 측면에서 일상생활, 일상적인 태도, 인간의 일상생활의 극복 그리고 주관적인 측면에서 개인의 태도와 경험에 영향을 미치는 구체적

로 삶의 질을 평가하는데 어려움이 있다. 그러므로 노인케어는 건강하고 장애 없이 살아가는 기간을 확장시키는 데 일정한 역할을 할 수 있다. 2003년 세계보건기구가 작성한 자료에 의하면 2002년 평균수명과 건강수명의 차이는 독일과 일본은 6.9세, 한국은 7.7세로 선진국, 후진국 간에 큰 차이 없이 대략 7-8년으로 나타난다.
❧침대에서 일어나기, 독립적으로 자신의 육체를 돌보고 화장실 가기, 수발원에서 홀로 운동하기 등
❧❧시장보기, 교통수단의 사용, 재정 정리, 접촉관계 유지 등

인 환경과 관계한다는 것이다. 그러므로 생활세계 지향은 노인케어를 실행하는 사람들에게 많은 지식을 요구한다. 그런 지식을 통한 전문적인 기술은 케어와 연관된 태도, 경험, 행동 그리고 친척 또는 케어의 과정에 참여한 다른 사람들의 관점으로부터 획득될 수 있다. 이러한 케어 과정이 개인적인 측면에서 전기 지향적인 케어의 기본조건이며 자기규정 유지를 위한 기본적 토대이다.

케어와 연관하여 거주의 의미는 사회복지를 그 출발선의 토대로 하여 인간의 사적영역의 맥락에서 영역의 개념으로서 독립과 깊은 연관성을 갖는다. 그러므로 케어를 필요로 하는 사람에게는 "거주"라는 것이 단지 머리를 덮고 가리며 추위와 이슬로부터 보호해 주는 것 이상의 많은 의미를 함축하고 있다. 거주 장소는 소유자만의 고유한 장소이다. 특히 노인의 일상생활의 대부분은 생활세계인 거주지에서 이루어지며, 돌아갈 수 있는 장소로서, 여러 가지 유형의 만남을 가능하게 하는 장소이다. 또한 그곳은 식사와 수면에 대한 욕구, 신체적 케어뿐만 아니라 정신적인 휴양과 휴식을 위한 장소로서 기능한다. 그러므로 빈프리드 자웁Winfried Saup은 노인의 일상생활을 '집안에서의 생활'이라고 묘사한다. 집은 많은 노인들에게 일상생활이 형성되고, 독립적인 생활이 이루어지며 직접적인 거주 장소라는 의미가 있다. 이웃과 구별되는 범위로서 거주 또는 집은 노인의 일상적인 생활이 실행되며, 가장 중요한 사회적 · 공간적 관계가 표현될 수 있는 장소라고 할 수 있다.

그러므로 노인의 독립성은 탈가족화와 탈상품화에 의한 탈시설화의

표 11_독일, 일본, 한국에서 노인의 경제적 의존 현황

	의존하지 않음			가족에 의존			사회보장제도		
	1986	1990	1996	1986	1990	1996	1986	1990	1996
독일	-	45.2	32.2	-	6.0	3.8	-	45.6	59.3
일본	52.4	44.0	46.6	15.0	16.0	12.8	30.2	37.5	37.7
한국	-	43.2	41.9	-	38.2	28.2	-	17.6	29.2

의미에서 접근할 수 있다. 이는 자녀로부터의 독립, 친척으로부터 독립, 국가의 도움으로부터의 독립을 의미한다.♠ 〈표 11〉은 독일, 일본 그리고 한국의 노후 생활에 있어서 독립성의 현황을 비교한 것이다.

〈표 11〉로부터 노인 케어를 위한 사회보장제도에 대한 의존도는 개발도상국에서 강화되고 있는 현상으로 한국 사회도 여기에 속한다고 볼 수 있다. 세 국가들의 노후 케어에 대한 현상적 분석을 통하여 제도적인 측면의 강화가 오히려 가족에 의존하는 즉 새로운 의미의 탈가족화가 나타나고 있음을 알 수 있다. 그러나 아직까지 한국과 일본에 있어서 탈가족화는 과도기적 현상으로 분석할 수 있다. 왜냐하면 양국에서 사회보장제도에 대한 의존도가 노후 독립성과 자립성과는 그 관련성이 낮다고 보기 때문이다. 실질적으로 오늘날 한국과 일본 양국에서 대부분의 노인케어가 가족 구성원들에 대한 의존을 통하여 이루어지면서 사회복

♠ 노인케어와 연관하여 우리나라에서 노인의 독립성의 의미는 생산적 복지라는 측면에서 접근하는 것이 적절하고 타당하다고 본다. 즉 건강수명과 평균수명이 연장된 사회에서 개인이 국가로부터 삶에 대한 보장보다는 노인 스스로 노동시장에 적극적인 참여를 통하여 사회와 가족 속에서 자신의 가치의 인정받는 작업이 장기적인 측면에서 노인복지이며 모든 복지의 토대로서 작용하여야 한다고 생각한다. 이것을 위하여 전제가 되는 것은 노인인권에 대한 재인식과 이미 우리에게 내재되어 있는 노인을 존경하는 사회적 기풍의 회복이 우선적으로 시도되어야 한다.

지시설에 대한 의존도 동시에 증가하고 있다. 특히 우리나라는 가족 의존도가 상대적으로 매우 높다는 사실을 직시하여 노인 케어의 정책적 측면에서 선진 복지국가와는 다른 접근이 요구된다. 이러한 의존에 대한 이중적인 의미로부터 미시적인 측면에서는 독립의 대상, 즉 그 주체인 노인에게 "동정적"이라는 측면이 고려되어야 한다. 왜냐하면 "동정적"이라는 사실은 모든 감정적인 요소들과 그 내적인 관계 틀 속에서 복합적인 의미를 담고 있기 때문이다. 노인에 대한 케어에 있어서 이런 측면은 의식적으로 동정적인(감정이입적인) 관계 형성에 대한 학습으로 직업적인 측면에서 중심적인 과제로 떠오른다. 이는 케어의 제공자와 케어를 필요로 하는 자와의 관계를 정립하는 데 있어서 케어행위는, 케어를 필요로 하는 자의 수치심을 자극하지 않는다는 의미에서 신뢰를 형성한다. 두 사람 간의 육체적인 상호작용과 민감하면서 다양한 접촉, 그리고 그에 대한 태도를 발전시키는 것이 과학으로서 케어의 과제에 속한다. 균형잡힌 동정·독립·신뢰와 같은 태도의 형성을 위한 과학적 접근은, 케어가 필요한 노인들뿐만 아니라 케어를 제공하는 사람과 케어를 필요로 하는 사람 간의 상호작용과 친근감의 정도에 대한 케어기술의 추구를 의미한다. 그러므로 케어를 제공하는 사람의 케어행위는 전문적이고 과학적인 양식, 그리고 직업의식을 토대로 해야 한다.

결론적으로 노인케어의 기술적인 측면에서 관계(케어주체와 케어객체)라는 개념은 사회적 과정 내에서 상호간의 접촉에 놓인 사람들의 결합성과 접근 가능한 거리를 의미한다. 전문적인 관계란 조직되고 제도적이며 조정된 관계형성을 의미하며, 그 속에서 행위자는 전문적인 노인케어기술로서 그들의 역할로부터 관계정의를 파생시키면서 그것에 상응하는 태도와 행위를 보여주어야 한다. 즉 노인케어와 관계된 사람들의 역할태도는 규정된 상황에서 규정된 태도가 노인케어기술에 의해서 기대된다.

노인케어의 사회보험화

현실화된 모든 사회복지, 사회보장제도들은 현상에 대한 의미 분석과 그에 따른 법의 제정을 통하여 이루어진다. 앞서 논의된 인구구조변화에 따른 부양구조 그리고 노인문제의 시각 속에서 독일의 수발보험과 일본의 개호보험은 기존의 사회보장제도의 개혁을 통한 새로운 추가적 지출을 의미하므로 태동과정과 실행과정 그리고 그 구조에 대한 분석은 매우 중요하다. 이 장에서는 하드웨어적인 구성과 통계적인 분석보다는 장기요양보호로서 두 제도의 재정적 실행과정과 전달과정에 대한 분석과 다양한 복지 토대의 건설이라는 측면에서 도입의 의미를 찾으려고 한다.

케어로서 독일의 수발제도

독일은 이미 1990년대에 노인인구비율이 15%로 고령사회에 도달하였다. 노인을 위한 케어제도의 토대로서 수발보험법은 장기간의 논의와 입법과정을 마치고 1994년 4월에 독일 의회를 통과함으로서 열한 번째 사회법전SGBSozialgesetzbuch으로 자리매김하였다. SGB XI 제1조에는 수발보험을 제5의 사회보험으로서 독립된 사회보험의 한 부분임을 명시하고 있다. 토마스 클리Thomas Klie는 "수발보험의 등장은 고령사회에서 완벽한 도움주기로 사회복지의 새로운 패러다임의 전환과 같은 사회국가의 재건설로 기록될 것이다"라고 주장하면서 자부심을 내비치기도 하였다.

독일에서는 이미 오래 전부터 과학적이고 전문적인 수발에 대한 이론적인 틀을 명백히 하기 위하여 연구작업이 진행되었으며, 수발에 대한 이론적 토대가 마련되었다. 즉 과학으로의 수발이란 수발에 대한 연구, 수발에 대한 지식의 체계화, 현존하는 수발에 대한 개념의 검토와 수발에 대한 고유한 이론적인 관계를 분석하고 구성하는 것이다. 과학으로의 수발은 다음과 같은 지식과 의식의 체계화와 그 확장에 관계하고 있다.

- 수발에 대한 행동에 대하여, 수발에 대한 효율과 효과성
- 수발에 대한 윤리적인 직업적인 태도와 수발의 자명성에 대하여
- 경우에 따라 삶의 상황에서 수발필요자의 수발요구에 대하여
- 제도적, 조직적, 법적, 정치적인 구성 조건에 대하여

독일의 수발보험제도는 네 가지의 개념적 토대를 중심으로 진행되었

다. 독일에서 실시되고 있는 수발보험은 기여금 수준에 종속되지 않는 급여를 실행하는 사회적 의무보험임을 ß1. Abs. 2 Satz 2 SGB XI에 규정하였다. 그러므로 법적으로 수발보험은 모든 국민을 대상으로 하며 의무적으로 가입해야 한다. 이는 1995. 1. 1. 자로 질병보험Krankenversicheurng에 가입한 회원만 수발보험의 회원이 될 수 있음을 의미하며, 2000년 6월 현재 8000만 명이 가입되어 있다.

수발제도의 도입과정

노인인구비율과 수발필요자의 수 그리고 수발보험 가입현황을 고려한다면, 독일에서는 이미 노인케어의 필요성과 그에 대한 국민적 욕구 그리고 사회적 분위기가 조성되어 있었다고 볼 수 있다. 독일에서 수발의 사회보험화에 대한 접근과정은 1970년대 초에 주로 노인수발과 재정문제로부터 시작되었다. 즉 수발의 필요성은 정부의 질병보험에 대한 재정적 문제제기와 일반적인 생활위기에 대한 포괄적인 보장개념으로 논의되었다.

수발보험법 이전의 수발원Pflegeheim 거주자들의 대부분은 사회보조금을 사회정책적인 측면에서 지급 받았다. 1980년대 초에 이것을 위하여 법안이 각 연방의 주Land들과, 정부, 녹색당Green Party의 일부 의원들에 의

"질병보험에 가입된 모든 사람은 사회적 수발보험에 의해 법적으로 보호를 받을 수 있다"고 명시하였다.

해 제출되었다. 이 법안들의 주요 내용은 세금으로 재정을 충당하는 부양개념이었다. 그러나 1980년대 말에 소위 좋은 해결방안이 제기되었는데, 그것은 법적인 의료보험의 틀 속에서 단기수발과 같은 재가수발을 매우 필요한 경우에만 적용시킨다는 것이다.

1990년대 초에는 수발보험의 의결 문제로 정당 간의 심한 논쟁이 일어났다. 즉 이 개념에 의해 사보험을 통한 해결은 사회보험을 통한 해결과 경쟁하게 되었다. 1991년 사민당SPD은 당 고유의 수발에 관한 법안을 제출하였다. 그 이후 1993년 6월 기민당CDU/기사당CSU과 자민당FDP의 연합정권은 정부 안이 그대로 반영된 법안을 제출하였다.✿ 그런데 수발보험에 대한 정책적인 분석으로부터 재정적인 영향과 고용주의 입장에서 공휴일에 대한 보상문제가 중요한 논점으로 부상하였다. 이 문제는 고용주의 기여금 부담에 부정적인 태도를 보였던 경제단체와 의회 내에서 캐스팅 보트casting vote를 행사하고 있었던 자민당의 주장이 받아들여져 휴일임금에 대한 규정을 삭제하는 것으로 일단락되었다.

수발보험법 SGB XI는 독일의 상원Bundestag과 하원Bundesrat에서 절대적인 다수의 지지 속에서 통과되었다. 이는 실질적으로 노동자들의 기여금 부담이 증가되었음을 의미한다. 1995년 1월 1일자로 독일 전체적으로 모든 노동자 회원에 대한 기여금이 증가했다. 그 결과 1995년 4월에는 재

✿독일의 정당구조는 근본적으로 다당제이지만, 주요 정당으로는 사민당, 기민당, 기사당, 자민당, 녹색당의 5당 체제로 대별하여 볼 수 있다. 2004년 현재 독일 정당지배구조에 의한 집권당은 사민당과 녹색당의 연합정권이다. 여기서 기사당은 독일 바이에른 주를 대표하는 당으로 기민당과 연합하였으며 자민당과 정책적인 연대로 정권을 창출하였다.

가수발의 실행, 1996년 4월1일에는 단기수발과 같은 부분입원이, 1996년 7월1일에는 입원수발을 규정하는 수발보험법들이 차례대로 의결되었다 (vgl. zur Geschichte der Pflegeversicherung: Igl 1995, S.10). 그러나 의결된 수발보험법은 단순히 탈상품화로서 사회보험을 의미하는 것이 아니라 수발적 토대의 다양화와 가족과 사회의 연대감 형성을 목적으로 규정하였다. 그러므로 SGB XI는 독일 고령사회의 중대한 문제인 노인케어의 위기극복을 위한 복합적으로 체계화된 법이라 할 수 있다.

수발보험법의 의미

이미 독일의 사회복지에 관련된 기존의 법들에는 수발과 연관되어 SGB I, IV, V, VI, IX, Pflege-VGPflege-Versicherungsgesetz, 하임법Heimgesetz✿, 수발원법Pflegeheimgesetz✿✿, 사회부조법으로 BSHGBundessozialgesetzhilfe, 전쟁 희생자 원호법Gesetz ueber den Opfer des Krieges 등이 존재해 왔다. 수발보험법은 이 법들을 근간으로 하여 제정되었으며, 수발에 있어서 예방과 재활 Praevention und Rehabilitation vor der Pflege을 규정한 ß5 SGB XI에 의하면 정부에 의해 입안된 법은 세 가지 기본적인 목적을 가지고 있다.

✿ 하임법은 1974년 8월 7일 공포된 법으로 1997년 2월 3일에 개정되었다. 이 법은 일시적인 것이 아닌 수발 필요자 또는 성년의 장애인과 노인에게 가치가 있다. 그러므로 이 법은 하임에 대한 모든 형태, 예를 들어 양로원Altenheim, 수발원, 노인병원Altenkrankenheim에 영향을 미쳤다. 그러나 수발원법의 제정으로 수발은 더욱 전문화되었다.
✿✿ 수발원법은 입원하여 수발을 받아야 하는 사람을 위하여 1994년 10월11일에 제정되었다. 이 법은 수발이 필요한 사람들을 위한 시설, 조직, 운영에 대하여 규정하고 있으며, 거주자들이 인간으로서의 기본적인 품위와 독립을 유지하기 위한 요구와 관심을 보장하는 것이 이 법의 목적이다.

- 수발보험의 목적은 프로그램적으로 형성되어 있다. 그것으로 재가수발과 친척이나 이웃에 대한 수발의 준비성 증진을 통하여 수발 필요자Pflegebeduerftige들에게 수발의 가족적인 분위기를 조성할 수 있을 것이다.
- 수발의 실행으로 인하여 사회부조Sozialhilfe에 대한 종속의 위험성을 감소시킬 수 있을 것이다.
- 수발보험의 세 번째 목적은 통일된 독일에서 수발에 대한 하부구조의 건실한 보장을 통하여 외래와 입원의 범주에서 질적으로 보증할 수 있는 전문적인 도움주기를 준비할 수 있으며, 결과적으로는 병원에 대한 부담을 감소시킬 수 있을 것이다.

이러한 세 가지 목적을 토대로 제정된 독일의 수발보험법(이후 SGB XI로 표기)은 사회법전SGB의 11번째로 만들어진 법으로 모두 11장 112조로 구성되었다. 수발보험에 있어서 핵심적 항목은 SGB XI 14조 1항으로 수발필요성의 개념을 규정하였다. 즉 법적인 측면에서 수발의 의미는 일상적인 생활에 있어서 장애나 육체적, 정신적 또는 심적인 질병이 있는 사람들에게 회복을 위하여 시설에서 최소한 6개월 정도 도움을 주는 것이다.

독일에서는 이미 다양한 사회법들과 국가의 보조나 개인의 능력에 의해 수발이 실행되고 있었다. 그런데 노인 인구의 증가에 따른 비용의 증가와 장기적인 안목에서 독일정부는 수발보험을 계획하고 실행하였다.

수발보험의 실행에 대해서는 SGB XI의 첫 장에 일반적인 기본법들과 그 목적을 규정하였다. 2 SGB XI에는 수발필요자의 자기규정과 독립성의 증진을 위한 주요 목적을 규정하였다. 그것은 인간의 품위에 상응하는 독립적이며 자기규정적인 삶의 가능성과 수발필요자들의 이중적 종속성에 대한 문제제기(장애에 대한 종속성, 수발하는 사람과 제도에 대한 종속성)에도 불구하고 수발보험의 실행으로 수발필요자에 대한 보조와 원조를 강조하였다. ß2 SGB XI에서는 자기규정에 관련된 주요 요소들을 열거하였는데, 그것은 수발실행의 종류(외래수발, 부분입원 또는 완전입원수발)에 대한 것뿐만 아니라 수발봉사의 요구 또는 선택된 수발시설에 대한 선택권과 소망권으로 구성되었다. 그러나 일반적으로 독립성의 유지와 같은 자기규정의 강조는 항목 간의 긴장관계를 발생시킬 수 있지만, 기본법 1조 2항으로부터 상위법인 헌법적 규정과 하임범위에서 하임법의 1조 2항에서 하임법의 목적과 목표설정에서 결과된 것이다.

SGB XI는 수발시장에 참여하여 질적인 면을 실행하는 수발시설과 ß72 SGB XI에서 시장 경쟁원리로부터 중립성과 시장개방을 토대로 구성되었다. 이 법은 세대 간의 계약Generationsvertrag♣의 진보된(문서화된) 형태라고 할 수 있다. 물론 다른 사회보장제도(의료보험, 연금보험, 산재보험, 실업보험)들도 각 세대 간의 보이지 않는 윤리적 책임의식을 토대

♣세대간의 계약이란 어떤 인위적인 형식으로 발생된 계약이 아닌, 하나의 전통으로서 윤리적 책임으로부터 비롯된 신세대와 구세대간의 계약이다. 아이러니하게도 이런 측면에서 보면 서구보다 전통적으로 부모에 대한 효를 강조해온 우리 사회가 더욱 세대 간의 계약이 강고해야 하지만 가족해체와 탈가족화의 증가로 사회보장제도도 자동적으로 강화되어야 한다는 가정이 나올 수도 있다.

로 한 교환양식이 작용하고는 있지만, 제5의 사회보험으로서 수발보험의 등장은 그 의미가 훨씬 강화된 것이라 볼 수 있다.

실질적으로 세대 간의 갈등 문제는 독일에서 통독 이후 동서 간의 갈등과 함께 가장 중요한 논점으로 부상하였다. 이는 두 가지 측면에서 접근할 수 있다. 한편으로는 사회경제적 측면에서 사회의 노령화가 노인에 대한 보호나 부양 부담을 가져왔으며, 그것은 비용의 증가로 이어지면서 젊은 세대들의 세대 간의 계약에 대한 의지의 약화로 인도하고 있다. 그러나 다른 한편으로는 인구의 구조적인 변화로 독일사회의 개인화, 다원화로 세대 간의 계약에 대한 인식이 약화되면서 가족적 사회적 안전망이 붕괴되는 현상이 나타나고 있다. 그러므로 수발보험법은 관습적이고 인습적인 전통의 붕괴에 대한 정책적 대안으로 형성되었다.

수발보험법의 구성

1994년(독일 당시의 고령화율은 15%)에 제정되어 1996년에 실행되면서 3번 개정된 수발보험법 SGB XI는 모두 11장으로 구성되어 있다. 독일의 수발보험법은 아래와 같은 기본적인 원칙들이 기제로서 작동되고 있다. 그 원칙은 첫 번째 장의 1조부터 13조까지 구체적으로 기술되어 있다. 그것은 한편으로는 프로그램적인 성격으로 직접적인 것이 아닌 해석의 척도로서만 기능을 하지만, 다른 한편으로는 독립적인 청구권을 규정하였다. SGB XI에서는 가능한 오랫동안 가정환경에서 머물 수 있도록 재가수발 및 가족이나 이웃의 수발체계를 우선적으로 지원해야 한다고 규정하였다. 그 부분은 11장으로 구성된 SGB XI의 첫 번째 장에 해당된다. 그 내용으로는 수발보험이 사회적 보험이라는 것, 재가수발의 우선적 적용, 급여의 범위와 종류, 수발필요자Pflegebeduerftige에 있어서 자기규정(ß2. Satz 1 SGB XI)과 예방과 재활에 대한 규정(ß32 SGB XI)✿, 예로서 ß32 SGB V(질병보험) 규정하고 있는 근육치료, 정신, 물리치료가 선행되어야 한다는 것, 수발보험의 고유한 책임성, 계몽과 권고, 각 주들의 과제와 임무, 연방의 과제와 임무, 수발금고의 과제와 임무 그리고 다른 사회적 급여와 수발보험 급여와의 관계가 기술되어 있다.

SGB XI 14조부터 시작되는 둘째 장은 수발의 필요성과 그 처리과정 그리고 수발단계에 관한 기준 등을 제시하고 있다. 수발의 필요성으로 육체수발, 영양, 이동성과 같은 신체에 연관된 욕구로서 규정하고 있다. 또한 수발의 요구가 중한 중증의 경우에도 최소한 6개월을 제시하고 있다.

제3장은 20조부터 27조에 해당되며 주로 수발보험에 있어서 의무적으로 가입하여야 하는 구성원들의 범주를 다루고 있다. 그것은 친척까

✿ §32 SGB XI는 2개항으로 ① 수발금고는 직접적으로 수발을 요구함에 있어서 위험을 피하거나 극복 또는 완화 그리고 약화시키기 위하여 의학적인 재활을 위한 일시적인 급여를 할 수 있다(Die Pflegekasse erbringt vorlaeufige Leistungen zur medizinischen Rehabilitation, wenn eine sofortige Leistungserbringung erforderlich ist, um eine unmittelbar drohende Pflegebeduerfigkeit zu vermeiden, eine bestehende Pflegebeduerfigkeit zu ueberwinden, zu mindern oder eine Verschlimmerung der Pflegebeduerfigkeit zu verhueten, und sonst die sofortige Einleitung der Leistungen gefaehrdet waere). ② 수발금고는 급여가 긴급히 요구되는 사람을 인증하는 급여담당자를 교육하여야 한다. 서류가 제출된지 4주 내에 수발금고는 일시적인 급여를 해야 할 것이다(Die Pflegekasse hat zuvor den zustaendigen Traeger zu unterrichten und auf die Eilbeduerftigkeit der Leistungsgewaehrung hinzuweisen; wird dieser nicht rechtzeitig, spaetestens jedoch vier Wochen nach Antragstellung, taetig, erbringt die Pflegekasse die Leistungen vorlaeufig).

지도 포함하여 급여자격을 규정하고 있다(ß25 SGB XI). 그것에는 질병보험에 가입한 사람들에 대한 수발보험의 의무적인 가입과 특히 고용주, 질병보험으로부터 자유로운 사람들도 수발보험으로부터는 자유롭지 못하다고 규정하고 있다.

제4장은 수발에 대한 급여에 관계하고 있으며, 46조부터 53조에 이르는 제5장은 수발보험의 조직에 관하여 기술하고 있다. 그 내용의 핵심은 기존의 모든 질병금고 조직의 내부에 수발금고가 설치되어야 한다는 점이다. 그것은 기구의 확대와 새로운 조직운영의 필요성 그리고 기득권의 유지보다는 질병금고의 노하우를 이용하는 효율성 부분을 강조한 것이라 볼 수 있다. 수발보험의 재정은 제6장에서 다루고 있다(ß54~68 SGB XI). 이 장에서 최초의 투자비용이 기여금으로 충당되지 않음을 명시하고 있다. 준비되지 않은 비용이 오히려 수발필요자들의 보험료에 의해 할당됨을 규정하고 있다. 기여금의 양은 2002년 현재 수입의 1.7%로 ß55 SGB XI에 규정해 놓고 있다. 그것은 고용주와 노동자가 절반씩 부담하는 것으로 규정하고 있으나, 실질적으로 노동자로부터 일방적으로 지불되는 형태를 갖는다. 왜냐하면 다른 사회보험과는 다르게 휴일에 대한 기업의 임금지불 보상규정을 의회에서 삭제하였기 때문이다. SGB XI 69조부터 시작되는 제7장은 수발금고로부터 지출된 급여에 대한, 특별히 시설운영자와 개인적인 수발필요자에 대한 증거 제시 규정이다. 이것은 제8장의 급여와 질적인 측면에서 약정 규정과 만난다. 이러한 관계의 형성은 국가로부터 권한을 받은 시설과 지역수발금고연합

Landesverband der Pflegekassen 간의 계약을 통하여 발생하고 허용된다고 규정하고 있다. 제8장(ß82~92 SGB XI)에서는 수발의 보상에 대한 약정을 규정하고 있다. 그것은 외래수발, 부분입원수발, 완전입원수발 세 부분으로 구분되어 있다. 보상과 급여의 양과 같은 구체적 내용은 수발의 실행형태를 참조할 수 있다. 이어지는 9장(ß93~109 SGB XI)에서는 자료와 통계의 보호문제를 규정하고 있으며, 제10장은 사적 수발보험에 대한 규정과 위기의 분산을 위한 공동작용에 관해(ß110, 111 SGB XI)규정하고 있다. 제11장은 하나의 처벌규정으로 사적으로 수발보험 가입 시 허위 사실 기재와 같은 고의적으로 또는 분별없는 6가지 위반에 대해 규정하고 있으며, 최고 5000마르크까지 배상을 규정하고 있다.

위의 수발보험법은 형식적으로는 독립된 체계의 법으로 존재하고는 있지만, 내용적으로는 사회법전의 나머지 11개의 법들 간의 상호작용 과정에 의해 형성된 것이다. 그러므로 그 실행에 있어서 다른 사회법전들과의 유기적인 관계 속에서 상호보완적으로 작동하면서 그 틀을 유지하고 있다.

일본의 노인케어로서 개호제도

일본은 현재 세계 최고의 장수국가로서 노인의 천국으로 알려져 있다.✿ 2003년 현재 일본의 65세 이상 노인인구는 우리나라 인구의 절

✿ 일본에서 노인에 대한 관심은 독일과 마찬가지로 일찍부터 시작되었다. 노인이란 용어는 "늙은이"의

반인 2,432만 명에 달하며 이는 일본 전체인구의 19%에 해당한다. 그 중에서 75세 이상 노인이 7.5%로 후기고령사회라 할 수 있다.✦ 따라서 일본에서는 요개호 대상 노인층의 급속한 증가가 매우 심각한 문제이다.

일본의 사회복지 발달과정

일본의 사회복지는 독일의 사회복지의 이념적 토대인 사회개량주의적인 분배와 노동력 보전과 배양을 위한 정책적인 측면에서 접근하였다. 이런 측면에서 세계 최고의 고령사회에 도달한 일본의 노인복지정책은, 분배와 노동력 문제의 해결과 선진국들 중에서 가장 낮은 복지수준으로부터 벗어나기 위해 새로운 모색을 시도하였다. 자민당 소속의 하시모토 류타로橋本龍太郎 일본 총리는 1997년에 사회구조 개혁을 통하여 사회보장시스템의 변화를 추구하였다. 그것은 일본 최고 헌법에 규정되어 있는 사회복지의 의미로서 공적제도의 실행과정인 조치로부터 계약으로라는 구호에 걸맞는 적절한 복지에 관련된 법의 제정을 통한 일본형 복지사회의 건설이었다(조승옥, 2003: 15~31). 그러므로 일본에서

뜻으로 평범하게 사용하고 있으나 그 뜻을 엄밀하게 규정한다는 것은 쉽지 않다. 왜냐하면 국가마다 사회적, 경제적, 문화적 배경에 차이가 존재하기 때문이다. 근대 이후 일본에서 노인의 의미는 오늘날의 일본을 만든 주체세력 속에서 찾을 수 있다. 왜냐하면 제2차 세계대전(1940년대) 세대 중 생존자와 그 이후의 세대, 즉 60세에서 100세에 이르는 노인들은 전후 일본의 발전의 원동력이었기 때문이다.
✦ 일본에서 75세 이상의 후기고령인구는 1920년대 태생으로 제2차 세계대전의 중추세력이었으며 전후에는 일본 산업화의 핵심세력이었다. 그에 대한 댓가가 현재 그들의 삶의 풍요함이다. 우리나라도 1940년대 태생, 즉 현재 60대 초중반 세대가 소위 한강의 기적을 일군 중추세력으로 양측 공히 6G(Grey, Grace, Gentle, Great, Green, Golden Age)세대라 할 수 있다. 이런 현상을 독일과 비교한다면 연령은 일본과 비슷하겠지만 문화적인 차이로 말미암아 삶에 있어서 훨씬 먼저 6G적인 위치에 도달하였다.

개호제도의 도입을 위한 환경의 조성은 갑작스러운 일이 아니다. 이미 일본사회의 고령화의 가속화로 인하여 1989년 이후 광범위하게 장기요양보호서비스의 확장을 위해 계획된 골드플랜과 일본형 복지사회[A]의 건설로부터 출발하였다. 그것은 소프트웨어적인 측면에서 노인에 대한 정부의 역할을 축소시키면서 사적부분의 역할을 강조하는 민영화에 대한 논의와 일본의 전통적인 미덕인 지역연대, 노동윤리, 가족의 부양이 강조되는 사회를 추구하며 하드웨어적인 측면에서는 골드플랜과 신골드플랜을 통하여 현실화되었다.

신골드플랜 사업의 하나인 공적개호보험에 관한 일본의 정부적 차원의 접근은 1993년 8월 12일 비자민당 6개정파 출신의 호소가와 모리히로 細川護熙 연립내각으로부터 출발하였다. 그러나 일본에서 고령자들에 대한 개호가 국가의 중요한 정책적 과제로 등장한 것은 1980년대 후반기이다.[B] 1986년 국민생활기초조사를 통해, 65세 이상의 고령자 중에서 거동불상태가 6개월 이상 지속된 노인의 수가 22만 명에 달한다는 사실이 밝혀지면서 개호문제는 더 이상 방치될 수 없는 중요한 과제로 부각되었다. 그리고 1986년 12월에는 노인보건법을 개정하여 노인보건시설이라는 새로운 제도를 탄생시켰다(박광준, 1997: 199~200).

실질적인 노인인구비율이 14.8%에 도달하였던 1996년부터 후생성을

[A] 1979년 오히라 마사요시(大平正芳) 내각에 의해서 구상된 "일본형복지사회"는 자조의 노력을 기초로 한 복지정책을 추구하며, 공적부조, 의료 등 서구형 복지모델로부터 이탈을 의미한다.

[B] 일본에서 고령화가 정치적 차원에서 논의된 시기는 지금으로부터 20, 30년 전의 일이다. 우찌다(內田)는 일본에서 고령화 문제가 정책결정자에 의하여 문제제기 되어 정치적 과제로 인식하게 된 시기는 사토 내각에서 다나까 내각으로의 이행기였다고 한다(內田, 1999).

표 12_골드플랜, 신골드플랜, 골드플랜 21의 내용 비교

	골드플랜(1989)	신골드플랜(1994)	골드플랜 21(2000)
가정봉사원	10만 명	17만 명	35만 명
단기보호(일시보호)	5만개	6만개	9만 6천 개
주간보호소	1만개	1만7천개	2만 6천 개
특별양호노인홈	24만개	29만개	36만 개
노인보건시설	28만 병상	28만 병상	29만 7천 병상

중심으로 노인을 위한 국가적인 정책이 간구되기 시작하였다. 이는 1995년 고령사회대책기본법 제정 이후 노인보건복지심의회를 통한 구체적인 개호제도에 대한 접근이다. 2000년에는 고령국가에 대한 대비책으로 골드플랜 21을 계획한다. 그것에 대한 의지의 표현이 공적 개호보험의 실행과 하드웨어의 확장이다. 골드플랜, 신골드플랜 그리고 골드플랜 21과의 하드웨어적인 측면에서의 비교는 〈표 12〉와 같다.

일본에서 2000년 4월부터 개호보험이 실행된 이후 2001년 현재 요개호인정자가 253만 명으로 조사되었으며, 그 중 시설서비스가 32%, 재가서비스가 68%, 전체적으로는 77.4%가 서비스를 이용하였다는 점에서 자체적으로 성공적이라 평가한다. 노인의료는 care와 cure가 중첩된 경우가 많지만, care와 cure를 분리하여 cure부분은 의료부문이 커버하고, care부분은 복지서비스가 커버하도록 하는 것이 개호보험의 의도였다(김진한, 2001: 18).

개호의 사회보험화

개호의 사전적 의미는 "곁에서 돌봐줌"이다. 이선애에 따르면 일본이 개호보험을 도입하게 된 배경에 있어서 무엇보다도 고령자의 급격한 증가와 그에 따른 개호제도에 필요한 비용의 급격한 상승, 그리고 기존제도를 통하여 고령자 개호에 대처할 수 없다는 한계의 인식과 아울러 개호에 대한 가족책임의 문제가 중첩되는 것으로 파악한다(이선애, 2003: 22). 일본은 개호의 사회화, 즉 노인케어의 문제해결을 개인 뿐만이 아닌 국가, 그리고 민간부문을 포함한 포괄적 방식으로 모색하려고 하였다.

일본에서 개호제도의 도입 요구는 정치경제적 측면에서 먼저 발생하였다. 즉 노인인구 증가에 의한 세력화와 관련있다. 일본은 개호제도 체계를 계획하면서 기본적인 골격은 조세 의존형태의 공비방식과 보험료에 의존하는 사회보험방식을 통합한 절충주의적인 방식에 토대를 가지고 정책을 형성시켰다. 또한 개호제도는 기존의 소프트웨어라 할 수 있는 가족 중심적이고 여성의 부양부담을 강조하였던 노인케어에 대한 반성적 작업이라 할 수 있다. 미사 이츠하라美姿一原는 개호제도의 도입 목적을 케어의 사회화, 즉 하드웨어와 소프트웨어의 조화(서비스 실천에 있어서 보편성, 공평성, 타당성, 전문성의 추구)로 규정하였다. 이것의 토대가 되는 일본의 개호보험법은 기존의 사회보험법들, 독일의 수발보험법을 모체로 한 완전히 새로운 법이라 할 수 있다. 일본의 개호보험은 장기요양보호의 제도화에 있어서 일반적으로 사용되고 있는 두 가지 방식, 즉 세금에 의한 방식과 사회보험에 의한 방식을 절충하였다. 이는 급증하는 개호비용을 국민전체가 공평하게 부담함으로써 적절하게 대처하고, "복지를 중시"하는 사회보장제도를 확립하기 위한 방안이다(이민정, 2002: 27).

21세기 중반 일본에서 인구구조의 변화를 통한 고령사회는 생산인구에 비하여 비생산자 인구의 확대를 의미한다. 그것에 의해 고령자의 부양에 대한 비용부담문제가 가장 중요한 논점으로 부상하고 있다. 앞에서 이미 보여준 것처럼 2050년에 일본의 인구구조는 36.5%와 79.5%로 세계최고의 노인인구비율과 노인부양비율에 도달할 것이라 예상된다. 김혜경에 의하면 일본에서 공적 개호보험이 실시되고 있음에도 불구하고 재가서비스를 이용하는 경우 기본적으로 가족으로부터 일차적인 부양을 받을 수밖에 없다고 한다(김혜경, 2004: 139). 왜냐하면 일본의 개호보험법의 제정이 오히려 개인의 자조와 민간 활력을 중요시하는 일본형 복지사회의 틀 속에서 가족에 의한 부양과 여성의 역할을 강조하고 있기 때문이다. 그러므로 역사적으로 길지 않은 일본의 국가주도형 사회보장제도는 일본형 복지사회의 건설과 더불어 가족의 회복, 가족의 부양에 대한 역할을 강조하면서 케어의 국민적 의식을 촉구하는 케어의 사회화라는 의미를 내포하고 있다.

개호보험법의 내용분석

일본 개호보험법은 시기적으로 독일의 수발보험법이 제정된 6년 후
인 2000년부터 시행되었다. 1997년 12월 17일에 증가하는 와상 노인 문제
를 해결하기 위하여 그동안 가족이 부담해 왔던 간병문제를 사회적으로
책임지는 공적 개호보험제도의 근간인 개호보험법을 제정하였다(이선
애, 2003: 23). 일본의 개호보험법은 법률 제123호로 제정되었고, 총14장
215조 및 부칙 5조로 구성되어 있다. 제1장은 총칙, 2장 피보험자, 3장 개
호인정심의회, 4장 보험급부, 5장 사업자 및 시설, 6장 개호보험사업계
획, 7장 비용, 8장 사회보험진료보수지불기금의 개호보험 관계업무, 9장
보건복지사업, 10장 국민건강보험 단체 연합회의 개호보건 사업 관계 업
무, 11장 간호 급부심사위원회, 12장 심사청구, 13장 잡칙, 14장 벌칙 그리
고 부칙에 관한 내용들이 규정되어 있다.

제1장은 총칙 부분으로 일본에서 개호보험의 목적과 급부의 내용 및
수준을 규정하였는데, 피보험자가 요개호 상태가 된 경우에도 가능한
그 주택에서 본인의 능력에 따라 자립과 일상생활을 영위하도록 배려해
야 된다는 것을 규정하는 등의 개호보험에 관한 전반적인 사항들을 규
정하고 있다.

제2장은 피보험자에 관한 규정으로 9조부터 13조까지이다. 피보험자
에 대한 규정과 자격시기 등을 나열하고 있으며, 제3장 14조부터 17조에
서는 개호인정심사회의 구성과 필요한 사항을 정령에 위임하는 내용을

다루고 있다. 18조부터 69조에 이르는 제4장은 보험급부에 관한 내용들을 규정하고 있다. 이 장에서는 내용적으로 6개로 구분할 수 있는데, 하나는 보험급부에 관한 전반적인 규정, 둘은 개호대상의 인정에 관한 사항, 셋은 개호급부에 관한 사항, 넷은 예방급부, 다섯은 시·정·촌 市·町·村에 의한 특별급부에 관한 내용, 마지막으로 여섯은 보험급부의 제한에 관한 사항을 다루고 있다.

제5장은 70조에서 115조에 해당되며 주로 개호업무에 연관된 사업자나 시설에 관한 내용으로 지정거택 서비스사업자, 지정거택개호지원사업자, 개호보험시설에 관한 규정들이다. 개호보험사업계획에 관한 내용은 116조에서 120조까지의 제6장에서 다루고 있으며, 비용 부분이 제7장 121조에서 159조까지 비용부담문제부터 재정안정화 기금, 의료보험자의 납부금에 관한 사항들을 규정하고 있다.

제8장에서는 사회보험진료보수지불기금의 개호보험에 관한 업무를 160조부터 174조까지 규정하고 있고, 제9장은 취약하지만 175조를 통하여 개호자에 대한 복지를 규정하고 있다. 제10장은 국민건강보험연합회의 개호보험사업관계 업무를 규정하며, 제11장은 개호급부심사위원회의 구성과 권한에 관한 것을 제12장에서는 피보험자의 권리구제 측면에서 심사청구와 개호보험심사회의 구성에 관한 사항 그리고 제13장인 잡칙에서는 총칙과 달리 부수적인 사항들을 규정하고 있으며 그것에 필요한 세칙은 후생노동성령으로 정한다 하였다.

마지막 장인 14장은 벌칙과 5개조의 부칙으로 구성되어 있다. 벌칙에 대한 벌금으로는 독일과 비슷한 수준으로 대개 그 위반 정도에 따라 10만 엔부터 50만 엔 정도를 부과한다.

일본의 개호보험법은 그 체제에 있어서 독일의 수발보험법과 비슷한 구조이며 내용적으로도 유사하다. 그러나 일본의 개호보험법은 급히 만들어져 구체적인 개호의 실행부분에 있어서 "후생성령에 따른다"라는 구절을 둠으로써 관에 의한 규제적인 측면이 강하게 나타난다.

소결 독일에서 수발보험제도의 실행 이전에도 수발은 전문적인 도움 없이도 광범위하게 이루어지고 있었다. 그러나 독일에서는 고령화에 대비하여 정책적이고 제도적인 측면에서 수발보험제도가 만들어졌으며, 실행된 지 10여년이 지났다. 수발보험제도는 한편으로는 여러 시각에서 새로운 틀 조건, 게임규칙, 관할권을 만드는 과정으로 독일 사회에서 수발에 대한 새로운 문화를 형성하고 있다는데 의미를 부여할 수도 있지만, 다른 한편으로는 시행 초기에는 많은 어려움과 시행착오를 경험하였다. 그럼에도 불구하고 미하엘 비써르트Michael Wissert가 이야기한 것처럼 수발보험의 도입으로 수발필요자들과 친척들에게 많은 도움(특별히 재정적인 도움)을 주었다 (Thomas Klie/Roland Schmidt, 1999: 121). 이는 독일의 노인에 대한 정책 기조의 변화로 볼 수 있다. 수발보험 실행 이전에는 독일 노인들은 주로 시설에 거주하는 경향이 있었다. 하지만 제도실행 후 재가수발 위주의 경제적 지원은 탈시설화와 더불어 시설의 양적 확장보다는 기존의 공적 시설들의 민영화를 통한 효율성 증진과 더불어 가족에 대한 지원도 함께 할 수 있는 토대를 형성하는 방향으로 인도하였다.

수발보험은 노인인구의 증가로 인한 질병보험의 재정 악화를 해결하기 위하여 독일 정부의 오랜 고심의 결과물이다. 그러나 근본적으로 제5의 사회보험의 도입의 원인은 전 세계적인 경제 불황으로 인하여 독일 내부적인 사회보장 상황은 사회부조비의 증대를 가져왔다는 사실이다. 그와 더불어 수발보험 시행 당시 15% 정도였던 65세 이상 독일 노인인구비율이 2002년 현재 26%로 무려 7년 사이에 11%나 증가하였다. 2030년에는 36%를 넘을 것이라 추정된다. 그것은 사회보장국가로서 독일이 실시하고 있는 4대 보험제도를 포함하여 제5의 보험인 수발보험도 재정적으로 어려움을 겪게 될 것이라는 예측을 가능하게 한다. 그러므로 독일의 총리인 게하르트 슈뢰더Gehard Schröder가 이끌고 있는 정부는 한편으로는 민영화를 포함하는 복지의 다변화를 추구하면서도, 다른 한편으로는 2003년 노동시장, 질병보험 등 사회보험과 세제에 관련된 문제점들을 해결하기 위하여 통합프로그램인 "아젠다 2010"을 개발하였으며, 그것에 의해 복지의 체제적 변화를 추구하였다.

일본의 복지국가 형성과정은 1960년대 경제적 고도 성장기를 통한 선

───

독일에서 오늘날의 사회부조의 대상자들은 주로 외국인 노동자들이었다. 왜냐하면 독일은 세계 2차 대전 패망 후 경제부흥을 위해 외국인 노동자에 많은 부분 의존하였으며, 그들이 귀국하지 않고 독일 국적을 취득하였기 때문이다. 이런 상황은 경제적 불황과 더불어 많은 청년실업을 가져왔으며, 수발보험은 동서독의 통일로 인한 사회보장의 측면에서 재정적으로 어려움을 겪고 있는 동독에 대한 새로운 국민적 부담에 대한 합의 산물이라 할 수 있을 것이다.

진국 진입과 현재에는 고령사회의 도달 그리고 그것을 통한 개호제도의 실행으로 볼 수 있다. 그럼에도 불구하고 한편으로는 복지국가 유형화에서 일본은 비복지국가로 인식되는 경향이 있다. 1993년도 사회보장 급부비의 대국민소득비는 영국이 28%, 프랑스 33% 독일 38%인데 비해 일본은 15%에 그쳐 위의 견해를 뒷받침한다. 그러나 다른 한편으로는 이러한 틀 속에서 개호보험의 출발은 2000년에 사회보장비의 대국민소득비가 20.5%로 증가하면서 일본에서 사회보장체계와 이용자에 대한 혁명적 변화를 가져왔다. 또한 후자의 측면에서 일본의 복지구조가 국가에 의한 일방적 공적부조로서 조치에 의존하던 상황으로부터 선택과 자기결정권으로 전환되는 제도적 법적 변화과정이라고도 볼 수 있다. 그러나 문제는 일본에서 복지에 대한 관심이 문화적 현상으로까지 전이될 수 있는가이다. 왜냐하면 모든 복지에 관련된 것을 가족에 의존하던 문화로부터 국가에 의한 국민의 삶의 총체적 보장에 대한 국민적 신뢰가 슬로건과 같은 운동으로 진행된다는 것은 일본에서 복지에 대한 인식에 커다란 장애로 작용할 수 있기 때문이다. 이 점이 우리나라의 사회복지 발전 방향에 주는 시사점이다.

노인케어의 측면에서 일본에서는 1983년 노인보건법의 제정으로 노

일본은 선진산업국가들 중에서 미국과 호주와 더불어 복지후진국에 속한다. 왜냐하면 이들 국가에서는 비록 주요 사회보험들이 형식적으로는 형성되어 있기는 하지만, 복지비 지출이 경제적 규모에 비하여 매우 적으며, 사회보장제도가 국민들의 일상생활에 미치는 영향력이 매우 미약하기 때문이다. 그러므로 이 국가들의 국민들은 자신들의 노후에 대한 대비를 노동시장에서 임금에 기초한 규모 있는 생활 계획을 통하여 국가에서 시행하고 있는 사회보험보다는 사보험이나 개인저축에 의존하는 경향이 매우 높다.

인의료가 의료보험제도로부터 분리되었다. 이 법을 통하여 노인들에게는 많은 재정적 부담이 나타나게 되었으며, 고령자 개호에 대한 재원확보의 필요성이 개호보험 도입의 가장 중요한 원인으로 작용하였다. 또한 재원문제를 해결하기 위해 개호보험에 시장경쟁의 원리를 도입하는 논리적 모순을 범하였다. 이처럼 개호보험의 도입이 일본복지국가의 확대를 의미하지는 않는다. 왜냐하면 보험자가 공적주체(시정촌)라는 것이 개호보험과 민간보험에 있어서 차이가 없는 원리로 작동한다는 사실 때문이다. 즉 개호보험은 개인과 가족공동체에게 책임을 분담시키려는 목적이 1970년대 논의되었던 "일본형 복지사회"의 건설과 같은 선상에서 출발하였다고 볼 수 있다.

일본에 있어서 복지국가의 의미는 두 가지 측면에서 바라볼 수 있다. 하나는 복지에 대한 여러 정책적 관심에 대한 제도적 완성으로 국가에 의해 국민의 삶을 보장한다는 긍정적인 측면이고, 다른 하나는 일본형 복지사회 건설과 같이 국민의 복지를 국민 스스로 해결해야 한다는 모순적인 측면이 존재한다. 그러나 이런 모순적 정책이 모두 해결된다면 경제적인 측면에서 일본은 세계에서 제일 안정적인 복지국가가 실현될 수 있다. 이런 상황 속에서 고령자들의 복지를 위하여 일본의 후생성, 자치성, 대장성의 3개 부처가 북유럽형 노인복지 시책으로 재가서비스의 질적 향상, 보건의료·복지의 통합, 지역사회의 후원과 네트워크를 조성하기 위한 정책을 펴기로 하였다.

독일과 일본의 노인케어를 위한 사회보험의 제도화는 노인케어의 사회화를 통한 사회통합, 효율적 실행을 위한 지방정부의 책임성 확대 그리고 선택과 경쟁의 의미부여, 고용인 지불과 같은 방식으로 보험료 납부를 통한 노인들의 비용 분담, 마지막으로 사회적 서비스와 의학적 서비스의 통합을 통한 노인케어의 일원화라는 원칙에 의해 형성되었다. 독일의 수발보험법은 11장 112조, 일본의 개호보험법은 14장 215조 부칙 5조로 구성되어 있는데 비하여 한국의 노인장기요양보험법은 12장 70조 부칙 2조로 제정되었다. 신뢰성의 측면에서 비슷한 조항의 규모로 만들어져야 구조적으로 사회복지 시설과 이해관계들이 매우 복잡하게 얽혀 있음에도 불구하고 법에 대한 당위성이 존재할 수 있는데, 수발보험법과 개호보험법 보다도 오히려 조항수가 적다. 노인장기요양보험법이 독일이나 일본의 선례가 있음에도 불구하고 얼마나 구체적이며, 세밀하고 섬세하게 미래를 대비하여 만들어졌는가에 대한 회의가 뒤따르고 있다. 사회적으로 매우 중요한 법을 일단 실행하고 보자는 방식으로 접근할 경우, 과거의 이전투구식 오류의 반복을 극복할 수 없을 것이다.

사회의 고령화와 그 대책들 II

- 노인장기요양보험법에 대하여 -

산업과 과학의 발전은 인류에게 평균수명의 연장을 가져왔지만, 질병과 치매로 어려움을 겪는 노인이 증가하면서 사회문제가 되었다. 그로 인하여 노인들의 건강한 삶의 보장이 국가적으로 매우 중요한 정책적 과제로 떠오르게 되었다. 1980년대 이후 선진국들의 사회정책적 아젠다는 장기요양보호와 건강수명Healthy Life Expectancy이다. 우리나라도 예외는 아니어서 2000년대에 접어들면서 급속한 고령화와 사회구조의 변화로 인하여 서구의 노인케어 정책에 대한 관심이 높아졌다. 그래서 학계나

정부 측에서도 제도도입에 관한 연구들이 쏟아져 나오고 있다. 그러나 선진국들의 노인케어에 대한 소개와 신속한 제도 도입 보다는 노인케어에 대한 학문적 정리와 체계적 논의를 통한 이론적 토대를 마련해야 한다. 이는 한국의 정치·경제·사회·문화에 적합한 합리적인 방안 마련을 위해서 반드시 필요하다.

인구구조의 비교분석 독일은 1932년에, 일본은 40여 년 후인 1970년에 고령화 사회에 도달하였다. 고령화 사회에서 고령사회에 도달하기까지 독일이 40년(1972년), 일본은 24년(1994년)이 걸렸다. 인구구조의 측면에서 문제의 핵심은 양국에서 고령사회의 도달과 출산율 감소가 매우 급속한 속도로 진행되었으며, 노인부양구조도 악화되었다는 점이다. 한편 양 국가 모두 공통적으로 고령사회에 도달한 후 노인케어에 대한 논의가 활성화 되었다. 그 과정 속에서 사회적 합의를 통한 정책적 결과물이 독일의 수발보험과 일본의 개호보험이다. 〈표 13〉은 독일과 일본에서의 장기요양보호의 사회보험화 시점의 인구구조에 대한 분석을 통하여 한국의 노인정책의 방향성에 대한 추론을 가능하게 한다.

독일에서는 노인시설에 의한 노인부양으로부터 가족을 지원하는 체제로 전환하기 위한 투자가 강조되었다. 한편 일본에서는 가족에 의한 부양책임이 일반화되어 있었으며, 그 주요 부양자는 여성이었다. 그러나

표 13_독일, 일본, 한국 인구구조와 경제규모 비교

	독일(1996)	일본(2000)	한국(2008)
총인구	8189만 명	1억 2692만 명	4800만 명
노인인구	1228만 명(15%)	2157만 명(17.1%)	456만 명(9.5%)
출산율	1.67	1.33	1.17
경제규모(GDP) Million Dollar/순위	3,018,036/3	4,899,966/2	856,565/12

여성의 사회참여의 증가에 따른 노인부양이 어려워지면서 개호보험제도의 도입을 통하여 가족부양으로부터 시설에 의한 부양으로 전환하기 위한 국가적 투자가 강조되었다.

통계적인 수치분석에 의하면 독일에서는 수발사 1명이 3명의 수발필요자를 수발한다면 일본에서는 1명의 개호복지사가 8명 정도의 요개호 인정자들을 개호한다. 케어제공자와 케어를 필요로 하는 사람 간의 비율에 관한 분석을 통하여 노인케어의 정책적 준비과정에 있어서 상대적으로 일본은 급작스럽게 개호보험이 시작되었음을 알 수 있다. 그러나 모두 가족에 의한 부양을 중요하게 고려하고 있기에 현실적으로 가족에 의한 돌봄이 그 토대로서 기능한다고 볼 수 있다.

정치 · 경제적인 측면에서 비교

독일과 일본 양 국가는 의료와 복지의 분리된 시스템을 정치적으로 고려하면서 통합적 운영을 통한 경제성과 효율성의 증진이라는 목표를 두고 노인케어의 사회보험화를 진행하였다. 한국에서는 더욱 정치적인 측면에서 제도화되었다고 볼 수 있다. 즉 독일과 일본 양 국가에서는 포괄적 의미에서 케어의 대상을 정하고 있으나, 한국에서는 노인의 정치세력화를 의식한 듯 제도화에 있어서 보험의 명칭을 협의적인 의미에서 접근하였다. 그러나 케어의 제도화에 있어서 그 토대가 되는 것은 가족이 우선이라는 원칙을 규정하고 있다. 제도적인 측면에서 독일의 사회보장은 20세기 초에 완성되었으며, 일본의 사회복지제도의 기본적 틀은 제2차 세계대전 이후 미군정기에 형성되었다. 양 국가에서 노인케어의 제도화 과정은 독일에서는 수많은 수발에 관한 학문적 성과를 토대로 하여 수발보험제도가 출범하였으나, 일본의 개호보험제도는 사회의 노령화에 의해 발생할 수 있는 문제나 그 효과에 대한 분석만을 토대로 단기간에 형성되었다. 그것은 독일에서 장기간 수발에 대한 분석을 통하여 수발에 관한 것들을 이론적으로 정립한 반면에 일본에서는 급격한 고령화 현상에 대한 정치적 고려에 의하여 주로 하드웨어적인 측면으로 형성되었음을 의미한다. 수발보험제도의 재원조달의 측면에서 산업구조와 노동구조 그리고 문화적 코드 차이로 인하여 독일은 재원 전부를 국가적 보조 없이 가입자들의 보험료로 충당하며 준국가기관인 수발금고에 의해 운영된다. 반면 일본의 개호보험제도의 재원 구성은 공비부담과 보험료가 각각 50%이다(이선애, 2003: 31). 재정적인 측면에서 일본은 독일과는 다르게 지방정부인 관주도로 시정촌을 중심으로 운영되고 있다. 그러므로 일본의 개호보험은 국가적 지원인 공비방식과 가입자의 보험료를 재원으로 하는 사회보험방식을 절충한 형태라 할 수 있다.

노인케어를 위한 급여문제에 있어서 양 국가의 장기요양보호는 노인 수발의 필요성의 정도와 요개호 상태에 대한 의학적인 검증을 포함하는 일차적인 서류 심사를 통한 확인과 인정으로부터 출발한다. 그리고 보험 운영 주체들은 결정여부를 서면으로 피보험자에게 알려주어야 한다. 이를 통해 급여와 서비스의 정도가 정해진다.❧

기존의 많은 복지선진국들은 전통적인 측면에서 재정적으로 세금을 통한 공적부조의 형태를 유지하였다. 그러나 급격히 변화하고 있는 고령사회에서 노인들은 자존의 측면에서 국가와 더불어 독립성과 자기규정을 중요한 요소로 간주하게 될 것이다. 그러므로 국가에 의한 일방적이고 일괄적인 서비스를 통해서는 더이상 노인들의 욕구를 해결할 수 없다. 그런 과정에서 독일과 일본에서 실행되고 있는 제도화된 노인케어는 노인 스스로가 노후를 대비하게 하면서도 세대 간의 계약적인 토대를 구성하려는 모순적인 측면을 보여준다.

❧이를 위한 기관으로 독일에는 수발금고 내에 설치된 메디칼 서비스Medizinischer Dienst der Krankenkasse가 있으며, 일본에는 개호인정심사회가 구성되어 있다. 그 두 기관의 임무는 각 보험에 있어서 가장 중요한 것이다. 두 기관의 명칭의 차이에도 공통적 임무로는 수발급여, 예방과 재활에 위한 요구, 반복적인 평가와 정기적인 검사 등이 있다. 케어의 요구자들인 피보험자들은 개호와 수발 서비스의 혜택을 받으려고 할 때 위의 기관에서 반드시 인정을 받아야만 한다. 양 국가의 심사위원 구성의 특성과 심사과정은 그 나라의 역사와 문화에 종속한다고 볼 수 있다. 그것은 MDK와 개호인정 심사회의 구성과정의 차이로부터 볼 수 있다. 전자의 구성원으로는 직원인 의사와 수발전문인으로 간호사, 수발사가 있으며, 후자의 구성원들은 시정촌의 장이 관계된 사람들을 임명한다. 또한 MDK는 수발보험의 주체인 수발금고에 설치되어 있어, 독립적이며 일원적으로 그 효율성을 담보할 수 있는 반면에 개호인정심사회는 관주도형으로 시정촌의 역할이 강조된다.

문화적인 측면에서의 비교

독일의 수발보험제도의 실행 목적은 일찍이 전통적 가족의식이 붕괴된 상황에서 경제적 보조를 통하여 노인케어를 위한 소프트웨어를 강조하고 회복을 시도한다. 즉 기존의 잘 갖추어진 하드웨어에 가족 구성원들의 인식의 전환을 통하여 고령사회의 위기를 극복하려는 정책의 하나로 간주할 수 있다. 반면에 일본의 개호보험제도는 노인부양에 대한 가족 구성원들의 인식이 잔존하는 상황에서 제도적 강화를 통하여 고령사회에 대비하려는 정책이다. 즉 새로운 하드웨어적인 것에 대한 양성과 건설을 통하여 노인부양에 대한 여성들의 부담을 해방시켜 고령사회에서 발생할 수 있는 노동력 부족을 보충하려는 것이다. 그러나 실질적으로 일본에서는 노인부양에 대한 여성의존도가 높아 제도의 실행이 여성들에게 이중적인 고통으로 작용할 수 있다.

한국에서의 함의

한국은 2006년 현재 노인인구비율이 9.5%정도이다. 2022년에는 14%로 고령사회 도달이 예상되고 있다. 한국에서도 사회의 고령화가 급속히 진전되면서 노인케어에 대한 관심이 매우 높아졌지만 그동안 한국에서 노인케어에 대한 논의는 경제적 접근이 중심을 이루었다. 그러나 한국에서 심도 있게 고려해야 할 것은 노인케어의 사회보험화와 더불어 문화적인 측면에서 가족에 뿌리를 두면서 사회적 연대에 의한 고령자케어를 지탱할 수 있는

표 14_독일, 일본, 한국의 노인케어의 제도화에 관한 비교

	독일		일본			한국		
도입원인	사회부조비의 증대		고령자개호에 대한 재원확보			가족구조와 기능 변화에 따른 부양문제 해결 (도입원인의 불명확성)		
실시연도	1995년 4월		2000년 4월			2008년 7월 시행		
GDP 대비 사회 보장비 지출현황	29.6%		20.5%			8.7%(2002년)		
가입자 수	회원수 8000만 명 (2000)		피보험자수 6600만명 (2003)			구분없음		
대상인원	165만 명(1998)		253만 명(2000)			51만여 명(2003)		
재정(2008)	노동자	사용자	공비	제1호 보험료	제2호 보험료	보험료	정부지원	본인부담
	1.7%	1.7%	50	17	33	55	35	10
명칭	수발보험		개호보험			노인장기요양보험		

사회의 유지와 건설이다.

각 국가의 제도화 과정을 비교해보면, 한국은 심도있는 연구를 통한 일관된 계획성 보다는 정치적이고 임기응변적인 특징들을 보여준다. 복지국가 건설의 초입단계에 있는 한국의 실정에 비추어 볼 때 제5의 사회보험으로서 노인장기요양보험제도의 도입은 시기상조일 수 있다.

노인문제를 단지 노인복지의 차원에서 접근하여 노인케어가 노인문제의 전부인 것처럼 인식해서는 안된다. 노인문제의 해결을 위해서는 좀 더 근본적인 접근이 필요하다. 그것은 웃어른인 노인들을 대접하는 사회적 기풍을 조성하는 것이다. 이는 유교문화권으로 효사상을 기반으로 하였던 한국사회의 전통적 가족윤리의 회복을 통하여 노인에 대한

케어와 부양의 당위성으로 인도할 수 있을 것이다. 그것을 통하여 사회적 혼란을 최소화하면서 사회복지를 위한 경제적 재정적 안정적 토대 건설의 의미에서 평등과 분배도 함께하는 한국만의 고유한 복지사회가 건설될 수 있을 것이다.

참고문헌

고수현(2002), 『사회복지윤리와 철학』, 양지.

김광희(2004), "노인요양보장제도 도입방안에 관한 연구", 박사학위논문, 대전대학교 대학원.

김귀환 외(2006), 『케어복지개론』, 도서출판 나눔의집.

김대원 외(2004), 『사회문제와 사회복지』, 학지사.

김진한(2001), "개호보험제도의 도입방안에 관한 연구", 석사학위논문, 호서대학교 대학원.

김혜경(2004), "일본 재가 요보호노인과 부양자간의 관계의 질과 부양자의 정신건강", 한국노년학 46호.

박길성 외(1996), 『현대사회의 구조와 변동』, 사회비평사.

박광준(1997), "일본의 개호보험도입 논의" 사회정책논총 9집.

박동성 외(2003), 『고령화 쇼크』, 굿인포메이션.

박병현 외(2007), 『동아시아 사회복지 연구』, 공동체.

변시민(1999), 『사회정책론』, 박영사.

심연수(1998), 『복지국가와 정의』, 인간사랑.

이광자 외(1999), 『21세기의 사회학』, 학지사.

이민정(2001), "노인요양제도에 관한 연구", 석사학위논문, 이화여자대학교 대학원.

이선애(2003), "노인 장기요양보호에 따른 실버산업의 전망과 과제", 석사학위논문, 경희대학교 행정대학원.

이영환(2007), 『필리핀 사회복지와 NGO』, 도서출판 나눔의집.

이인수(2004), 『미래의 실버산업과 노후생활』, 21세기사.

이철수(2003), 『북한사회복지』, 청목출판사.

윤여덕 편저(1997), 『국가와 사회정책 II』, 민영사.

조승옥(2003), "일본의 사회복지기초개혁에 관한 연구", 석사학위논문, 중앙대학교 사회개발대학원.

종교사회복지포럼 편(2003), 『시민사회와 종교사회복지』, 학지사.

최경구 외(2004), 『21세기 사회복지정책』, 청목출판사.

Charles Zastrow and Karen K. Kirst-Ashman/김규수 외 역(2002), 『인간행동과 사회환경』, 도서출판 나눔의집.

G. Esping-Andersen(1990), The Three World of Welfare Capitalism, Oxford University Press.

G. Esping-Andersen(1999), Social Foundation of Postindustrial Econimies, Oxford University Press.

Heinz Lampert/윤여덕 역(1994), 『사회정책론』, 민영사.

Naoki Ikegami(2002), "Choice, Policy Logics and Problems in the Design of Long-term Care Systems", Social Policy and Administration Vol 36 p719.

Creighton Campbell/Naoki Ikegami(2003), "Japan's Radical of Long-term Care", Social Policy & Administration Vol 37 p21.

Hartley Dean(2003), "The Third Way and Social Welfare: The Myth of Post-emotionalism", Social Policy and Administration Vol 37 p695.

Mike Featherstone(1982), "The body in consumer culture", Theory, culture and Society, 1: 18~33.

Misa Izuhara(2003), "Social Inequality under a New Social Conract: Long-term Care in Japan", Social Policy and Administration Vol 37 p395.

Takegawa Shogo/김성원 역(1999), 『일본의 사회정책과 복지국가론』, 인간과 복지.

Thoma Klie/Roland Schmidt(1999), Die neue Pflege alter Mensachen, Goettingen.

Winfried Saup(2001), Aeltere Menschen im Betreutenwohnen, Ergebnisse der Augeburger Laengschnittstuddie Band 1 fuer Gerontologie Augusbur Verlag.

八代尙宏, 1999. 小子・高齡化の經濟學, 東洋新聞社.

桑原洋子/부성래, 노상학 역(1997), 『여성과 복지』, 홍익제.

高島進(1986), 社會福祉の 理論と 政策 : 現代 社會福祉政策 批判, ミネルヴァ書房.

本間正明, 跡田直澄 共編(1998), 21世紀日本型福祉社會の構想, 有斐閣.

丸尾直美(1984), 日本型福祉社會, 日本放送出版協會.

東京都社會福祉協議會(1997), 介護保險制度とは, 東京: 東京都社會福祉協議會.

直井道子(1998), 福祉社會の家族と高齡者介護. 「福祉社會の家族と共同意識: 21世紀の市民社會と 共同性: 實踐への指針」 靑井和夫, 梓出版社.

長谷川和夫/조추용・최현자 역(1997), 『예방과 케어』, 창지사.

內田滿・岩勝子(1999), の政治學, 早田大學校出版部, 高齡社會白書.

堺 園子/전광현, 노효순 역(2001), 『세계의 사회복지와 일본의 개호보험』, 도서출판 나눔의집.

廣井良典/장인협 역(2000), 『일본의 사회보장』, 소화.

古川孝順, 庄司洋子 村井美紀, 茨木尙子(1988), 複合施設化=脫 施設社會化 の視點, 研究紀要, 34, 47~77.

용어 찾아보기

ㅇ

 ㅈ

ㅊ

 ㅋ

인명 찾아보기